MW00423542

Encuentros con el Espíritu Santo

Memorias de un Sacerdote
Padre Julio B. Rivero, T.O.R.

Para pedidos de libros: www.FatherJulio.com

Copyright © 2010 Padre Julio B. Rivero, T.O.R.
Todos los derechos reservados
Título original: *Encounters With The Holy Spirit*

Prohibida la reproducción total o parcial sin el permiso expreso y
escrito de la editorial:
Mantle Publishing, P.O. Box 2931, Clearwater, FL 33757-2931

Las citas bíblicas en esta publicación fueron extraídas de la Biblia
Latinoamérica.

Fotografía de la portada por Ed Foster Jr., © 2001
Para la edición en inglés:
Investigación, asistencia en redacción y revisión por
Jeanne Chase, Jeanne Potter y Mari Miranda
Traducción del inglés por Mary Lourdes Haedo
Revisión por Guillermo Ramos
Gráfico del olivo por George Chase
Tipografía / presentación y diseño de la portada por Mark Fanders

DEDICATORIA

El Papa Benedicto XVI declaró el Año de los Sacerdotes comenzando con la Solemnidad del Sagrado Corazón de Jesús el 29 de junio, 2009. La vocación al sacerdocio muchas veces comienza con el llamado o una invitación de Dios. Recibí mi llamado cuando tenía diez años, al recibir mi Primera Comunión. Miro hacia atrás y me doy cuenta que así como todos los buenos dones deben de nutrirse, Dios me envió tres maravillosas mujeres para nutrir mi vocación: Nuestra Santísima Madre; mi querida mamá, Carmen Teresa Blanco Rivero; y mi maestra de primer grado y catecismo, la señora Clare Sullivan-O'Keefe. Huelgan las palabras para expresar el cariño y la gratitud que siento por ellas.

Nuestra Señora, la que me tomó de la mano y me condujo a su Hijo; mi mamá, por darme la vida, compartir conmigo su devoción a la Virgen y al rosario y por su profunda y sencilla fe; y a la Sra. Sullivan, por prepararme para recibir los sacramentos e introducirme de lleno a la fe católica.

Contenido

INTRODUCCIÓN

El camino a la espiritualidad es uno que cada cual tiene que recorrer por sí mismo. Es una búsqueda de por vida, que le impone al caminante la marcha hacia delante, para encontrar la verdad de su conexión a Dios, la que radica en su propio corazón. No dejan de existir esos raros, aunque deslumbrantes, momentos durante esta trayectoria espiritual, cuando súbitamente uno se da cuenta de lo que acaba de ocurrir y comprende al instante, que su vida cambiará para siempre. Su alma ha sentido una comunión directa con la santidad de Dios, ha reconocido Su gloria, se ha quedado hipnotizada por Su poder y sin habla ante Su esplendor. Le llamo a estos preciosos momentos que cambian la vida... encuentros con el Espíritu Santo.

Conocí al Padre Julio en una desconocida y casi olvidada iglesita, en medio de un barrio infestado por el crimen, la derrota y la desesperación, en un pueblito costero de la Florida. Este cuadro reflejaba mi propio corazón en aquel tiempo; probablemente esta fuera la razón por la cual me sentí inexplicablemente atraída a aquel lugar. Católica de cuna, nací en el *«Midwest»* (el centro-oeste de los Estados Unidos), de padres acaudalados, en la seguridad de los años cincuentas. Recibí una óptima educación, modo de vida y enseñanza religiosa. Sin embargo, al independizarme de ese ambiente protectivo y ver el mundo de una manera diferente, caí rápido y fuertemente en el abismo de no conocer a mi Creador. Siendo bombardeada por la violencia, el mal y la ira de esos tiempos y entristecida por la muerte de mi padre y la soledad inconsolable de mi madre, dejé que las drogas y la bebida me sirvieran de escape. Perdí mi conexión con el amor de Dios y la promesa de la salvación.

Llevaba más de veinte años simplemente existiendo, hasta el día en que el Padre Julio humildemente entró en mi vida. Fue lentamente cómo perdí la religión, pero solamente en un instante la recobré. Las palabras del Padre me parecían que realmente flotaban por la iglesia hacia mí, que eran para mí y que hablaban de mí. «Presta atención», el advirtió, «Dios tiene un plan para ti».

Se me pusieron los pelos de punta. Contuve la respiración y sentí que mi corazón se abría para darle paso a esas palabras. «¡Tienes que pedirle al Señor que venga a ti!», suavemente agregó. Así lo hice yo y a Su vez, así lo hizo Él; y mi vida fue transformada en un segundo que presagió mi futuro. Le presté atención al Padre Julio por los siguientes seis años, siempre pendiente de sus palabras instructivas, ahondando en su amoroso corazón y aprendiendo a conocer su amor incondicional por el sacerdocio.

Se dice que escribir un libro es muy parecido a tener y criar una nueva vida. Empieza como un concepto, entonces se vuelve un sueño y después comienza a sentirse como un trayecto personal y sagrado. No importa lo que pase por la mente durante este proceso, cada vez que se piensa en él, se siente gozo, emoción, asombro y un gran sentido de temor y responsabilidad. De esto estoy segura, cuando Dios crea algo en ti, ya sea una idea, un sueño o hasta una nueva vida, Él se hace completamente responsable de que se realice como Él quiere, siempre y cuando uno se lo permita.

El amor completo y total a su vocación, llevó firmemente al Padre Julio, a escribir este libro de sus memorias. Su trayectoria espiritual le revela al lector las dudas sobre el diablo, el gozo del triunfo y el sorprendente encuentro con el Espíritu Santo a lo largo del camino de la vocación religiosa. No solamente es para los que indagan una vocación en la vida religiosa; sus escritos rebozan de mensajes vivos del amor del Creador y desafíos astutos para cambiar la vida pecaminosa de aquel que desee prestar atención.

Es de suma importancia, expresarle mi agradecimiento al amoroso y compasivo Dios, que mirando desde el Cielo, encontró una humilde pella de arcilla y moldeó al Padre Julio Blanco Rivero haciéndolo Su obra. ¡Que pueda yo seguir aprendiendo de Usted por el resto de mis días!

Jeanne Potter
Presidente de la Junta Parroquial (2003-2008)
Iglesia Católica Romana del Sagrado Corazón
Bradenton, Florida

«Yo, por el contrario, soy como un verde olivo en la casa de Dios,
y en Él pongo para siempre mi confianza.
Por lo que has hecho, Señor, te daré gracias eternamente
y proclamaré tu Nombre.
Porque tú, Señor, eres bueno con aquellos que te temen».

Sal 52:10-12

PRÓLOGO

Nunca me he atribuido ninguna curación. Sólo de Dios viene todo el poder. Por mediación de la oración y la intercesión del poder del Espíritu Santo, ocurren las sanaciones espirituales, físicas, mentales o emocionales. La Iglesia Católica tiene enseñanzas específicas sobre las revelaciones privadas.

PADRE JULIO B. RIVERO, T.O.R.

Del *Catecismo de la Iglesia Católica:*

«*"La economía Cristiana, por ser alianza nueva y definitiva, nunca pasará; ni hay que esperar otra revelación pública antes de la gloriosa manifestación de nuestro Señor Jesucristo". Sin embargo, aunque la Revelación esté acabada, no está completamente explicitada; corresponderá a la fe cristiana comprender gradualmente todo su contenido en el transcurso de los siglos*». *(CIC 66)*

«*A lo largo de los siglos ha habido revelaciones llamadas "privadas", algunas de las cuales han sido reconocidas por la autoridad de la Iglesia. Estas, sin embargo, no pertenecen al depósito de la fe. Su función no es la de "mejorar" o "completar" la Revelación definitiva de Cristo, sino la de ayudar a vivirla más plenamente en una cierta época de la historia. Guiado por el Magisterio de la Iglesia, el sentir de los fieles (sensus fidelium) sabe discernir y acoger lo que en estas revelaciones constituye una llamada auténtica de Cristo o de sus santos a la Iglesia.*

»*La fe cristiana no puede aceptar "revelaciones" que pretenden superar o corregir la Revelación de la que Cristo es la plenitud. Es el caso de ciertas religiones no cristianas y también de ciertas sectas recientes que se fundan en semejantes "revelaciones"*». *(CIC 67)*

PRIMERA PARTE

EL LARGO CAMINO

«Ustedes no me escogieron a mí.
Soy yo quien los escogí a ustedes
y los he puesto para que vayan y produzcan fruto,
y ese fruto permanezca».
Jn 15:16

CAPÍTULO 1

MI NIÑEZ Y JUVENTUD

«Habla, Señor, que tu siervo escucha».
1 Sam 3:10

Nací en Manhattan, Ciudad de Nueva York, la Noche Buena del año 1928. Me pusieron por nombre Joseph Antonio Blanco Rivero. Mientras afuera nevaba, una partera asistía a mi madre a dar a luz, dentro del pequeño apartamento localizado al fondo de una tienda de víveres. Era un hogar humilde el nuestro, consistía de dos dormitorios y una sala sencilla.

Mi madre, Carmen Teresa Blanco Rivero, nació en la ciudad de Caracas, Venezuela. Aunque casi no hablaba inglés y carecía de una educación académica, era una mujer formidable y de gran fe. Ella era la cabeza y el corazón de nuestro bullicioso hogar. Mi padre, Rogelio Rivero, era el que mantenía la familia. Procedente de la Habana, Cuba, emigró a los Estados Unidos por los años 1920, con la esperanza de ser un boxeador profesional. Al cabo de un tiempo, al no realizarse su sueño, se decidió por una carrera más segura, la de electricista-plomero. En 1933, tenía yo cuatro o cinco años de edad, cuando mi padre se fue de la casa. En 1936 mi madre se volvió a casar. Mi padrastro, Anselmo Navedo, era un buen hombre que resultó ser muy buen padre para todos sus hijos, tratándonos a todos por igual. Este matrimonio fue bendecido por la Iglesia y duró hasta la muerte de mi padrastro.

Nuestra familia era pobre, sin embargo en ella abundaba el cariño. A pesar de ser numerosos, la vida familiar se desenvolvía con gran sencillez. Yo fui el quinto de doce hijos. Dos de mis hermanas murieron de niñas. Una murió de difteria al año de nacida, y la otra de polio a los seis. No obstante estas pérdidas, crecimos felizmente. Es cierto que reñíamos, como normalmente lo hacen los hermanos, pero nunca hubo celos ni resentimientos entre nosotros. Teníamos la certeza de ser amados.

De pequeño, yo no podía caminar. Llevaba un yeso que me lo impedía. La enfermedad de la que sufría no fue diagnosticada, pero los síntomas que presentaba eran similares a los de la poliomielitis. Para mí resultó ser una agonía tanto física como emocional, ya que no podía jugar con los otros niños. Mamá solía sacarme del apartamento y apoyarme contra la pared para que yo pudiera ver a los demás niños jugar en la calle. Como los médicos no hallaban la causa de los síntomas, quisieron operarme de los pies, pero mi padre no lo permitió, alegando que sería muy peligroso. Mamá, por inspiración divina, comenzó a darme masajes en los pies, utilizando sebo de carnero. Al cabo de los tres meses de este tratamiento, caminé por primera vez. Tenía cuatro años.

Desde que yo recuerde, mi familia me llamó Julio. El por qué, es otra historia. El primer día de clases, mamá presentó mi certificado de nacimiento. En él aparecía el nombre «Joseph Antonio Blanco Rivero». No se sabe la razón, pero la secretaria de la escuela le preguntó mi nombre, y aunque mamá casi no hablaba inglés, comprendió la pregunta y le contestó «Julio». La secretaria tachó «Joseph Antonio» en mi inscripción y con su letra escribió «Julio». Y desde entonces, ese ha sido mi nombre.

Mamá era estricta con nosotros y nos protegía celosamente. Mis hermanos y yo jugábamos entre nosotros, no con otros niños, y casi siempre dentro de la casa. Cuando salíamos, ella nos acompañaba. Así lo hizo hasta que fuimos mayores. En la casa, cada uno tenía sus propias responsabilidades. Por ejemplo, un hermano mayor lavaba los platos, yo cuidaba al bebé.

De muy pequeña en Venezuela, mamá fue educada por franciscanos. Por ella recibimos la fe Católica. Recuerdo específicamente cuando un atardecer nos llamó a todos a la sala para rezar el rosario. Yo contaba con seis años de edad en aquel entonces. Al día siguiente, al citarnos de nuevo para rezar, ansiosamente me uní a ella, aunque mis hermanos rehusaron hacerlo. Desde entonces, muchas veces por las tardes, mamá y yo rezábamos juntos el rosario.

Uno de mis primeros libros de lecturas era *La Vida de los Santos*. Llegó a ser mi libro favorito, ya que me gustaban sus historias y admiraba la santidad de sus vidas. Deseaba ardientemente tener como ellos esa clase de relación con Dios. La iglesia constituía una parte importante en nuestra vida. Mamá se aseguraba de que fuéramos a confesarnos todos los sábados y asistiéramos a Misa todos los domingos, apropiadamente vestidos. Asistíamos a la iglesia hispana, La Milagrosa, en Manhattan.

Iglesia de La Milagrosa, Manhattan, NY

La Sra. Clare Sullivan-O'Keefe, mi maestra de primer grado de la escuela pública, era a su vez, la directora de la catequesis de nuestra parroquia. Siendo mujer compasiva y habilidosa, se agenció para que los niños hispanos, una vez a la semana, salieran más temprano de la escuela pública y pudieran asistir a las clases de catecismo en la iglesia. En una de esas clases me gané una estampita del Señor orando en el Monte de los Olivos. Era la primera vez en mi vida que me ganaba algo. Aunque no

3

comprendí bien el significado de la imagen, supe que tenía una importancia especial para mí. Yo la avaloraba, sobre todo, lo que decía al pie de ella: «No mi voluntad, sino la tuya». Esas palabras se me hacían más claras a medida que pasaba el tiempo. Aparecían en mis sueños y me guiaban en la vida.

Mi hermano Eduardo fue el primero de los hermanos en recibir el Sacramento de la Eucaristía. Al año siguiente, cuando tenía diez años, me invitaron a mí para prepararme a recibirla. Al principio vacilé, pues temía no poder memorizarme todas las oraciones en inglés. Sin embargo, cuando mi madre me amenazó con la correa, enseguida estuve de acuerdo a hacerlo. Mi hermano me ayudó a memorizar las oraciones. La Sra. Sullivan nos dio las instrucciones y ensayamos lo acostumbrado para la confesión y comunión. Me preparé bien para la primera confesión, pero al llegar el momento preciso, no supe ni cómo ni cuando retirarme del confesionario. Al terminar de confesar mis pecados, el sacerdote no me despidió, así que me quedé. Al escucharle decir «el siguiente, el siguiente», pensé que me animaba a seguir, y así lo hice. Confesé todos los pecados que conocía, aunque no los había cometido. Por fin el sacerdote me echó del confesionario. El creyó que le había faltado el respeto, sin darse cuenta de la seriedad de mis intenciones.

Para el día de mi Primera Comunión, con sacrificio, mamá me consiguió un traje negro, camisa de cuello blanco y la banda blanca que tradicionalmente los hispanos   llevábamos ceñida al brazo. Éramos cuarenta o cuarenta y cinco niños. Para recibir la comunión, nos pusieron en fila por orden alfabético, así que yo estaba casi al final. Cuando al fin me tocó el turno, reverentemente me arrodillé ante la baranda y esperé a que el sacerdote me pusiera la hostia sobre la lengua. En ese momento me sentí transportado a otro mundo, y no me pude mover. Me parecía no estar allí, pero a la misma vez, no sabía donde me encontraba en realidad. Al cabo de un rato, un ujier me tocó el hombro y gentilmente me indicó que volviera a mi asiento. Al regresar a mi asiento, me arrodillé en acción de gracias y escuché la voz del Señor diciéndome: «Quiero que seas sacerdote». Guardé esas palabras muy dentro de mí, por mucho tiempo. Fue un secreto que guardé por demasiado tiempo.

Entonces creía, y sigo creyendo, que ser sacerdote es algo muy especial, demasiado especial como para mí. No obstante, yo tenía la certeza de haber recibido el llamado. Este fue el primero, le siguieron muchos otros.

Asistí a la escuela secundaria Benjamin Franklin en la ciudad de Nueva York. Intenté jugar al football, pero después de una jugada que casi resultó en la fractura de un brazo y la pérdida de varios dientes, decidí que no estaba hecho para eso. Por costumbre toda la familia participaba en las diversiones. Juntos íbamos al cine, a *Coney Island* y a visitar lugares religiosos interesantes. Cuando salíamos solos, siempre les pedíamos a nuestros padres

De vacaciones en México con mi familia a los 19 años.

la bendición antes de salir y ellos nos persignaban la frente. Si uno de nosotros participaba en una actividad especial en la escuela, mamá siempre hacía acto de presencia, y si le era posible, mi padre lo hacía también.

A pesar de ser pobres, nuestra madre se las ingeniaba para proveernos las necesidades básicas, y aún otras cosas más. Como a ella le encantaba la música, un buen día nos preguntó a cada uno cual instrumento nos gustaría aprender a tocar. Yo le dije que el piano; un hermano, la trompeta; otro, el violín; y otro, la batería. Por la habilidad de mamá y la gracia de Dios, todos recibimos el instrumento que habíamos pedido. Practicábamos juntos en la sala, haciendo tremendo ruido, mientras en la cocina, ella tranquilamente cocinaba, como si la orquesta Filarmónica de Nueva York estuviera ensayando.

Mamá se dio cuenta de que yo tenía buena voz para el canto y no tardó en alentarme. Se las arregló para que tomara lecciones de canto todos los sábados. La maestra de música de mi escuela secundaria, la Sra. Redmond, me preguntó si me gustaría

5

aprender a tocar el órgano y al responderle que sí, comenzó a darme clases. Hasta el día de hoy, yo comparto el amor que mi madre sentía por la música.

En solamente tres años me gradué de la escuela secundaria e ingresé en el Colegio de Manhattanville, donde estudié Canto Gregoriano por tres años más. Me cambié a la Universidad de Columbia para terminar mis estudios de música, y me especialicé en el órgano. Mientras tanto, también era el organista de la iglesia Our Lady of Victory (Ntra. Sra. de la Victoria) en Brooklyn. Después pasé a ser el director del coro y organista de dicha iglesia, donde formé un coro de niños que llegó a ser presentado en un programa de televisión. Asimismo fui director del coro de la iglesia Holy Rosary (Santo Rosario) en Yonkers. Recuerdo que una Noche Buena los niños iban a cantar en la Misa de Gallo, pero la homilía se extendió por tanto tiempo, que se durmieron. Los tuve que despertar cuando les llegó la hora de cantar.

También dirigí el coro de niños de la iglesia de St. Thomas Apostle (Santo Tomás, Apóstol), en Manhattan. En aquel entonces, se acostumbraba sacar a los niños de sus clases para cantar en los funerales. La música era preciosa y los niños se comportaban muy bien, gracias a las monjitas que los educaban.

Iglesia Ntra. Sra. De la Victoria, Brooklyn, NY

Durante estos años en los que me mantuve tan ocupado, mientras asistía al colegio, daba clases y tocaba el órgano en las misas dominicales, no olvidé el llamado al sacerdocio que escuché el día de mi Primera Comunión.

6

Capítulo 2

Buscando la Voluntad de Dios

«Cuando me busquen, me encontrarán
pues me llamarán con todo su corazón
Entonces haré que me encuentren
Yo, el Señor, lo afirmo».

Jer 29:13-14

Me gradué de la Universidad de Columbia, en la Ciudad de Nueva York, de la Facultad de Pedagogía, con licenciatura en música. Persistía en mi mente el recuerdo de esa invitación a ser sacerdote que el Señor me había hecho, pero todavía yo dudaba, no me sentía ni seguro de mí mismo, ni de mi aptitud para ello. Muchas veces le repetía al Señor que yo no podía ser sacerdote.

La Universidad de Columbia, Facultad de Pedagogía, NY

Con el tiempo, se me ocurrió que el Señor y yo podríamos llegar a un acuerdo y en vez de sacerdote, ser un hermano religioso. Para empezar, me acerqué a los Hermanos Cristianos de LaSalle, pero ellos parecían indecisos y me aconsejaron que procurara otra orden. Por aquel entonces, yo desempeñaba el cargo de director y profesor de música de la iglesia St. Thomas Apostle Elementary School (Escuela Primaria de Santo Tomás Apóstol) en Harlem, Nueva York. Por fin, los Hermanos Cristianos de LaSalle me invitaron a ingresar en su orden, aunque bajo una impresión

equivocada. El director de vocaciones dijo que les era conveniente aceptarme, porque además de ser yo una persona de color, era hispano. Al fin y al cabo, fui aceptado. Después de graduarme de la Universidad de Columbia, ingresé en los Hermanos Cristianos. Apenas transcurrieron dos años, el provincial me notificó que él creía que esa no era mi vocación. En oración le pregunté al Señor que quería de mí, y le recordé que sacerdote no podía ser. Regresé a Nueva York y seguí de maestro, esta vez en una escuela pública, mientras tanto, el Señor persistía. Por último, me di cuenta de que ya no podía resistirme más. Había estado rechazando su llamado y ya era hora de aceptarlo. Dije: «¡Señor, me rindo!». Y al darle el «sí», tímidamente me aventuré a intentar el sacerdocio.

En el año 1953 al dejar los Hermanos Cristianos de LaSalle, hice el cambio de la escuela católica a la pública, y comencé a dar clases en la escuela James Otis Junior High School (Escuela Primaria), en las

riveras del río Hudson. Entre otras asignaturas, les daba clases de inglés a los estudiantes hispanohablantes de Puerto Rico. El edificio quedaba adyacente al del Benjamin Franklin High School (Escuela Secundaria), la misma escuela a la que yo asistí en mi juventud. Es interesante mencionar que el Dr. Corvelio, director de ambas escuelas, también ejercía esa posición cuando yo era estudiante.

La búsqueda de mi vocación sacerdotal comenzó a desarrollarse. Indagué con los Carmelitas, pero fui rechazado, por falta de cupo. Al pedir informe en la Diócesis de Nueva York, me enteré que antes de ser considerado como candidato, debía de aprender griego y latín. Determinado en hacerlo, matriculé griego en la Universidad de Forham en el Bronx. Las clases me resultaron tediosas y difíciles, pero me apliqué y saqué la asignatura. Me sentí sumamente desalentado cuando más tarde me informaron que esto no era suficiente, y me exigieron el conocimiento de más idiomas.

Resuelto a seguir adelante, me dirigí a los Agustinos. Mi ingreso tenía por condición que diera clases de español exclusivamente, en su escuela preparatoria. Al rechazar tal

proposición, me sentí desolado. Más tarde, solicité entrada en los misioneros de Maryknoll. Cuando una empleada de la oficina oyó por casualidad que yo solicitaba entrada, dijo que si yo me hacía sacerdote, ella se salía de la Iglesia. Así me contó el director de vocaciones de los Maryknoll. De pronto, aquel comentario racista no me molestó, pero más tarde me pregunté, cómo podía alguien pensar así y al mismo tiempo considerarse una persona cristiana. El director de vocaciones me dijo por las claras que mi ministerio se limitaría a celebrar misas. No acepté esa opción y le alegué al Señor que aparentemente Él no me quería de sacerdote, aunque en lo profundo de mi corazón, yo sabía la verdad. Lo que me sucedía era que aún no había descubierto adonde el Señor me tenía destinado.

Con anhelo esperaba en el Señor y mientras tanto, por tres interminables años, daba clases en el Christopher Columbus High School (Escuela Secundaria Cristóbal Colón), localizado en Bronx, Nueva York. Una mañana, al despertar, tuve una experiencia espiritual terrible, al sentirme ahorcado por una fuerza maligna. Grité, pidiendo auxilio, pero estaba solo en mi habitación. Me era imposible respirar y el pánico me paralizó. Atiné a rezar el Ave María sin cesar, hasta que el espíritu maligno me soltó. Sentí miedo contarle lo ocurrido a mi familia, y lo callé por muchos años.

Lo sucedido me trajo a la memoria una experiencia similar, que transcurrió en mi niñez, la causante de que mi fe se estremeciera y mi vida de oración se intensificara. Estando solo, un atardecer, mientras miraba la televisión, sentí de repente algo o alguien, una fuerza que no veía, me golpeaba la cabeza y me abofeteaba violentamente. Aterrorizado por la fuerza del asalto, se lo conté a mamá y ella no tardó en rociar la habitación con agua bendita. Por mucho tiempo me pregunté el significado de todo esto.

En oración, continuaba pidiéndole a Nuestro Señor que me dirigiera a la orden religiosa que Él me tenía destinada. Un día, mientras oraba, me vinieron a la mente aquellas historias que mi madre me contaba de los franciscanos que de niña le dieron clases. Entusiasmado, determiné dirigirme a ellos, específicamente la Orden O.F.M. en Nueva York, pero me informaron que tenían muchos candidatos. Como ya estaba decidido, hice el intento con la Orden T.O.R., también de los franciscanos y llamé al director de vocaciones, el Padre Louis McIntyre, T.O.R. La primera y única impresión que tuve de él, fue la de un sacerdote honorable y santo. Enseguida me participó su deseo de visitarme a la casa. Yo había decidido no mencionarle a mi madre su visita, y me sentí muy inquieto, ya que en una ocasión, al confiarle mi deseo de ser sacerdote, lloró. De acuerdo a la costumbre hispana, los hijos adultos cuidan de sus padres en su vejez, y por aquel entonces, yo era el único titular en la familia y mamá dependía de mí. Por suerte, el Padre McIntyre llegó cuando ella estaba muy ocupada en la cocina. Al cerciorarme que no nos veía, lo invité a pasar a la planta baja, para tener más privacidad. Allí, el Padre me habló favorablemente de la orden y a la vez me hizo numerosas preguntas sobre mi pasado y mi educación. Mis logros incluían la licenciatura en música de la Universidad de Columbia y la maestría en español de la Universidad de Nueva York. Al terminar la entrevista, de todo corazón el padre me animó a solicitar entrada en la orden. Cuando se iba, le imploré que lo hiciera discretamente, ya que todavía no le había confiado a mamá mis intenciones. Después de su partida, empecé a orar con gran fervor: «¡Ay, Dios mío! y ahora, ¿qué hago?». Seguí adelante con mis planes, envié todos los documentos requeridos y me aceptaron. Siempre oraba para que el Señor cuidara de mamá y de la familia, y que fueran comprensivos al aceptar mi llamado.

Ese verano me concentré en estudiar griego, preparándome para los estudios del seminario. Mi madre, a su vez, tenía planes de viajar a Europa, para hacer una peregrinación. Ella dio por sentado que yo la acompañaría, pero como debía de prepararme para mi entrada al noviciado, rechacé la invitación. La acompañaron en vez, mi hermana y mi sobrina. Esta excursión fue un regalo especial de mi hermano Jorge. En su ausencia, aproveché para empacar mis pocas posesiones, ponerlas en un baúl y enviarlo al monasterio. Por precaución, para facilitar mi regreso, obtuve un permiso de ausencia de la escuela donde trabajaba de maestro, por si acaso lo del sacerdocio no me salía bien. Mi madre, mi hermana y mi sobrina regresaron de su viaje a Europa, muy contentas y satisfechas.

Al día siguiente, con dificultad, le escribí a mamá una carta de despedida, que incluía mi nuevo número de teléfono y mi último cheque de pago. Se la dejé sobre el piano y a las cuatro de la mañana, el 8 de septiembre de 1963, silenciosamente me escabullí de la casa, a enfrentarme con mi futuro. A hurtadillas, caminé por varias cuadras en la oscuridad, antes de llamar un taxi solitario. Aquí me encontraba yo, con treinta y cinco años de edad, al borde de emprender la búsqueda más grande de mi vida y el taxista me pregunta si me estaba escapando de la casa. Le contesté que no, asegurándole que me encaminaba a la escuela. Por descuido, me llevó equivocadamente a otra terminal de trenes.

Allí llamé otro taxi que me transportó a la Penn Station (terminal de trenes). Afortunadamente llegué a tiempo para realizar el viaje de siete horas que me llevara a Altoona, Pensilvania. Esa travesía me pareció interminable.

CAPÍTULO 3

LA ETAPA DEL SEMINARIO

«Y oí la voz del Señor que decía:
"¿A quién enviaré, y quién irá
por nosotros?" Y respondí:
"Aquí me tienes, mándame a mí"».

Is 6:8

De los cuarenta postulantes, fui el primero en llegar al Monasterio Franciscano situado en los hermosos campos de Loreto, Pensilvania. El seminario quedaba cerca del Colegio Saint Francis (San Francisco), fundado en 1842. No sabía lo que me esperaba, pero me sentía feliz de estar allí. Mientras oraba para cerciorarme si esto era lo que el Señor quería de mí, no me sentía ni decepcionado ni triste, pero me preguntaba si sería aceptado por mis compañeros postulantes. Estaría estudiando con jóvenes de veinte y pico de años y yo ya contaba treinta y tantos, además era de descendencia hispana. Por lo tanto decidí actuar tan discretamente como me fuera posible. Me recibió el Padre Donogan, director de los postulantes, que también daba clases de teología en el seminario. Siendo un sacerdote espiritual, nos trataba a todos por igual. Su deseo era vernos crecer en el espíritu franciscano, el espíritu de la cruz. Debíamos de depender completamente en el evangelio; compartirlo, proclamarlo y especialmente, vivirlo. Nuestro carisma sería imitar la sencillez de Jesús y de San Francisco, al vivir una vida de amor y gozo. Yo llevaba un hábito largo y negro, ceñido a la cintura por un cordón sencillo, y me llamaban «hermano». Al poco tiempo de estar allí mi querida madre me llamó llorando, rogándome que regresara a casa. Le expliqué que yo necesitaba saber si esto era lo que el Señor quería de mí. Le prometí que de no serlo, yo regresaría a casa.

Madrugábamos todos los días a las cinco y media. Nuestra rutina se centraba en la oración, los Laudes por la mañana, la Sexta al mediodía, las Vísperas por la tarde y las Completas por la noche, siempre las cantábamos en la capilla. Al terminar los Laudes, seguíamos con la Santa Misa, la meditación personal y luego el desayuno. Durante la semana asistíamos a clases en el San Francis College (Universidad de San Francisco), gozando de un descanso que incluía las oraciones del mediodía y el almuerzo. Después de la cena, rezábamos el rosario, hacíamos quehaceres, estudiábamos y al final, disfrutábamos del tiempo de recreo. Al concluir el rezo de las Completas a las nueve de la noche, nos retirábamos a nuestras habitaciones y comenzábamos lo que se llama el «gran silencio» que duraría hasta después de la Misa de la mañana siguiente. No asistíamos a clases los fines de semanas.

La rutina del sábado incluía limpiar nuestras habitaciones, lavar y planchar la ropa personal. Para recrearnos, paseábamos los hermosos campos del monasterio y hacíamos ejercicios. Por ser nuevos postulantes, nos esmerábamos en hacerlo todo bien.

Desafortunadamente, durante nuestra formación, ocurrieron sucesos extraños en el monasterio. Entre ellos, amenazas por escrito aparecieron debajo de la taza del director. Mientras la investigación de los hechos se llevaba a cabo, al no saber la identidad del postulante responsable, lo apodamos «el monje misterioso». Finalmente, al terminar el año de postulante, todos fuimos aceptados al noviciado y sin saber todavía la identidad del monje misterioso, nos dirigimos a Winchester, Virginia. Allí recibimos la capucha y continuamos nuestra educación sobre las reglas, las costumbres y la rica historia de los Franciscanos de la Tercera Orden Regular de San Francisco de la Penitencia (T.O.R.).

Además de la oración y los estudios, teníamos deberes domésticos que cumplir. Cierto día, me asignaron a la cocina para preparar la cena de los frailes. Decidí hacer espagueti. Al terminar de hervirlos, los enjuagué en agua fría, quizás por más tiempo de lo necesario, y así mismo los serví –fríos. Afortunadamente, la salsa estaba muy caliente además de deliciosa. Aprendí a base de errores. Durante dicha cena, se me ocurrió jugarles una broma a los hermanos. Les puse colorante a los vasos de agua, cada uno de distinto color, dándoles la apariencia de diferentes jugos de frutas. Cuando los hermanos vieron sus bebidas, creyeron que era un festín, pero al probarlas quedaron desilusionados y todos nos reímos. Este incidente demuestra lo unidos que éramos y lo bien que la pasábamos juntos.

El monje misterioso no dejaba de hacer estragos. Por ejemplo, el canario que felizmente cantaba en el comedor, misteriosamente un día lo encontramos muerto dentro de su jaula. Ya no se podía disfrutar más de su canto. Otro ejemplo sería el de los peces guppies, que aparecieron muertos en la pecera de la biblioteca, debido a que fueron envenenados con lejía. Estaban, tristemente, flotando en el agua. Tampoco se podía disfrutar de sus payasadas. Sucedió después que a un hermano lo empujaron por la espalda y dio a parar dentro de la secadora de ropa, donde dio varias vueltas. Aunque no sostuvo heridas graves, su ego se dañó bastante. En otra ocasión, se le desapareció el abrigo al director de los novicios. Siendo invierno, el sujeto pensó que era una broma muy desagradable. Las bufonadas iban de mal en peor, cuando un día nos llegó una estatua carísima de la Virgen. Alguien la había pedido, sin permiso, ni dinero para costearla. Pero lo peor de todo ocurrió cuando una suma considerable de dinero se desapareció de la tesorería.

Al día siguiente de este hecho, a las cinco y media de la mañana cuando entré en la capilla para rezar los Laudes, al abrir mi Manule Precum, me encontré $125. De pronto pensé que era un milagro, porque esa era la cantidad exacta del precio de la estatua de la Virgen, que había sido misteriosamente pedida sin permiso. De ingenuo, levanté la mirada al cielo en agradecimiento, cuando repentinamente me crucé con la mirada de un novicio que me observaba de cierto modo peculiar. Me di cuenta que delante de mí se encontraba el monje misterioso. De inmediato llevé el dinero al director de los novicios y le expliqué lo ocurrido. Para mi sorpresa, me lo arrebató de las manos y me amonestó, diciéndome: «¡Este es el dinero robado!».

Al día siguiente fui interrogado interminablemente por el provincial y la curia de la orden. Todos fuimos amenazados de ser enviados a casa si no se descubría la identidad del monje misterioso. Yo respondí que la evidencia indicaba que el culpable podía ser o el hermano que descubrí con la vista fija en mí cuando hallé el dinero o yo. A la mañana siguiente nos mandaron a todos en una excursión a Washington, D.C. En nuestra ausencia, la curia y el director de los novicios inspeccionaron meticulosamente nuestras habitaciones. Encontraron el resto de la suma robada escondido en la maleta del hermano que ya yo había identificado. Más tarde lo reexaminaron y fue enviado a un hospital psiquiátrico para recibir tratamiento. Nunca más regresó y al fin reinó la paz.

A pesar de estos disturbios, el año del noviciado fue una experiencia estupenda de crecimiento personal. Me sentía feliz de estar allí y disfrutaba mis estudios sobre la rica historia, las costumbres específicas y la cultura colectiva de la orden franciscana. Al darse por terminado el noviciado, todos profesamos. Profesamos los votos simples de pobreza, castidad y obediencia por los próximos tres años. Fue en aquel entonces que visité por primera vez a mi familia. Mamá, que me esperó todo este tiempo pacientemente, estaba sumamente contenta, ya que al fin había aceptado que mi vocación era la voluntad de Dios.

Avanzamos a los estudios clericales en el seminario, que constituían los cuatro años de formación sacerdotal. Al concluirlos, nos graduaríamos con una Maestría en Teología, seguida por la ordenación. A mediados del tercer año, profesé los votos solemnes de la pobreza, castidad y obediencia. En diciembre, recibí la primera de las Ordenes Mayores, el Diaconado, el paso anterior a la ordenación sacerdotal. Al cabo de los cuatro años en el seminario, más uno de noviciado, con mucha oración y formación, fui ordenado sacerdote el 17 de mayo, 1969, en la Fiesta de la Ascensión.

La ordenación se celebró en la Catedral de Altoona, Pensilvania. Toda mi familia asistió. Para ellos fue un día memorable, ya que yo representaba el primer sacerdote en la historia de la familia. Siendo niños, Rogelio, mi hermano menor, que raramente entraba en una iglesia, me fastidiaba siempre por mi vocación al sacerdocio. Yo me molestaba cuando burlonamente me decía: «¡Pareces un cura!». Pues, durante toda la ceremonia de mi ordenación lloró con sentidas lágrimas, que brotaron del corazón. Cuando me le acerqué para darle la bendición, le pregunté: «Hermano, ¿por qué lloras?», y emocionado me contestó que se sentía muy contento.

Esperé toda una semana después de mi ordenación antes de celebrar mi primera Misa, pues quise que fuera el día de la Fiesta del Espíritu Santo. La celebré en la iglesia La Milagrosa, donde había recibido todos los sacramentos. Mi profesor de órgano, el

Sr. Anton, de Manhattanville College (Universidad de Manhattanville), se encargó de la música. Él mismo tocó el órgano y su coro de niños cantó. Me acordé de lo que el Sr. Anton me decía cuando tomaba yo mis lecciones de música: «Vamos a escuchar la sopa».

¡Qué preciosa «sopa» aquella! En la Misa, oré fervorosamente de esta manera: «Señor, ayúdame a ser fiel a lo que he recibido». Por el poder del Espíritu Santo, así fue.

En aquel momento, no me percaté que era por la Divina Providencia, precisamente el día de la Fiesta del Espíritu Santo, que como sacerdote, celebraba mi primera Misa.

CAPÍTULO 4

VEN ESPÍRITU SANTO

«Cuando el Espíritu Santo venga sobre Uds.
recibirán poder».
Hch 1:8

A l poco tiempo de mi ordenación, me di cuenta de que algo significativo faltaba en mi sacerdocio. Carecía de los dones interiores que debían de corresponder al sacerdocio ministerial. Amaba a Cristo, pero interiormente, no lo conocía con el corazón. Todo mi conocimiento extenso de teología no me era suficiente. Necesitaba ardientemente tener una relación intima con Él. Me pregunté cómo lograrlo. En ese momento, abrí por completo mi corazón y mi alma al poder del amor, el Espíritu Santo, y cambió la dirección de mi sacerdocio para siempre.

El Padre Edward, un sacerdote de nuestra Orden, me invitó a una reunión de un círculo de oración de la Renovación, que se reunía todos los viernes por la noche. Iba contento, aunque al mismo tiempo, vacilante. Poco después ya era yo punto fijo en las reuniones. Al cabo del año de estar asistiendo, los líderes me preguntaron si quería ser bautizado en el Espíritu Santo. Les respondí con vehemencia que no y le argüí al Señor que «yo no era digno». Sin embargo seguí fielmente asistiendo a las reuniones. Al año siguiente me hicieron la misma pregunta. Esta vez les contesté con gran convicción que sí. Me dijeron que le pidiera al Espíritu Santo el don de lenguas, pero en vez, oré así: «Señor, no quiero ningún don especial, solamente quiero ser un buen sacerdote». Cuando terminaron de orar conmigo para recibir el Bautismo en el Espíritu Santo, me preguntaron qué dones había pedido. Cuando les respondí que solamente había pedido ser un buen sacerdote, les noté en la mirada, que estaban algo decepcionados. No obstante, yo no lo estaba, pues para mí, con ser un buen sacerdote me bastaba.

Meses más tarde, al terminarse el año escolar en junio, tuvimos el retiro anual en el monasterio. Allí, mientras leía y reflexionaba un pasaje de las Escrituras, sentí de repente que una presencia surrealista me invadía, y empecé a hablar con soltura un idioma diferente. ¡Era el don de lenguas! Lo reconocí, pues en las reuniones carismáticas que yo asistía en la Catedral, había oído a la gente alabar y adorar a Nuestro Señor en diferentes lenguas. Ahí me encontraba yo, el que no quería dones, orando abiertamente en lenguas. Me sentí profundamente emocionado, y recibí una unción del Espíritu Santo ese día. Una gracia especial se apoderó de mí por varios días. Después de ese primer encuentro, comencé a comprender y abracé mi sacerdocio de una forma más profunda y espiritual. Desde ese mismo día mi sacerdocio ha seguido aumentando en la intimidad con el Espíritu Santo, y hasta el día de hoy, mis oraciones matutinas comienzan con una oración especial al Espíritu Santo. Desde ese momento, mi sacerdocio se ha centrado en la vida de oración interior. Por la intercesión del Espíritu Santo, mi sacerdocio ha sido bendecido con el don de sanación, el don de liberación, el don de conocimiento y el don de la oración. Estos dones no son míos, sino la manifestación de Cristo en mí, como dice San Pablo, *«ya no soy yo quien vive, sino que es Cristo quien vive en mí». (Gal 2:20)*

Comenzó mi aprendizaje de tantas cosas hermosas. Inesperadamente las palabras de las Escrituras tomaron vida. El Espíritu Santo comenzó a dirigirme, guiarme y transformarme. Comencé a vivir la Misa y todos los sacramentos, especialmente el hermoso sacramento del Bautismo, que desde entonces tuvo mayor significado en mi vida. Comprendí mejor y aprecié mucho más lo que Jesús me había dado por mi sacerdocio...la encarnación de Cristo en mí. Comencé a darme cuenta del verdadero significado del sacerdocio...una vida de sacrificio completo y absoluto. Comprendí que el sacerdote es llamado a vivir y ser Cristo.

Un día, estando en la capilla, pedí en oración: «Señor, me hace falta un corazón nuevo, necesito amar. Me has dado los dones del Espíritu Santo. Ahora necesito completar mi sacerdocio a través de tu Sagrado Corazón dentro del mío, para que tu voluntad se haga a través de mí, para compartir tu Palabra y tu Espíritu con los demás». Con gran devoción, yo seguí asistiendo a las reuniones de oración, compartiendo los dones del Espíritu Santo con la comunidad de fieles.

Una vez, al terminarse la reunión de oración, me solicitó una mujer que se veía sumamente afligida. Vestía ropa descuidada y sus ojos llenos de lágrimas demostraban temor. Cayó de rodillas ante mí y me rogó que orara con ella. Al hacerlo el Espíritu Santo me ungió poderosamente. Asombrado, me resistí tenazmente. De pronto, la mujer fue liberada de un obstáculo que la había estado acosando por muchos años. Al momento la mujer se sanó de una artritis severa que le afectaba las manos y los pies hasta el punto de estar tullida. ¡Quedó completamente sanada de la deformación! Al no entender bien lo que había pasado, les pregunté a otros sacerdotes de nuestro grupo de la renovación si ellos tenían conocimiento sobre esto o experiencias de esta naturaleza, pero ni intentaron ayudarme. Un sacerdote de otro grupo carismático respondió que «yo tenía al diablo encima» y me ofreció orar sobre mí, junto con su grupo. Me sentí tan solo y sufrí en silencio. Mientras oraban tuve una visión remota de mi madre, hermana y sobrina, que en la lluvia, viajaban en un automóvil negro. Cuando terminaron de orar, yo estaba espiritualmente llorando y me pasé la noche en vela orando fervorosamente. Le imploré al Señor que me quitara ese don, que me liberara de ese llamado.

Al día siguiente, recibí una llamada de mi madre para decirme que mi sobrina había intentado suicidarse, ingiriendo una dosis excesiva de pastillas. Al llevarla de prisa al hospital, en el camino, casi tuvieron un accidente grave. Esto sucedió a la misma hora en que yo tuve la ya mencionada visión. Yo creo firmemente, que por la gracia de Dios, a causa de mi sufrimiento, se salvaron las vidas de mi sobrina, hermana y madre.

Más tarde me percaté que el Espíritu Santo me había dotado con el don de liberación. Me acerqué a las Escrituras meditándolas profundamente.

«Lo mismo Satanás: si está dividido en dos bandos, ¿cómo se mantendrá su reino? Pues bien, si yo echo a los demonios por el poder de Beelzebú, los amigos de ustedes, ¿con ayuda de quién los echan? También ellos deberán rebatir esta calumnia. ¿Cómo echaría yo a los demonios sino con el dedo de Dios? Sepan, pues, que el Reino de Dios ha llegado a ustedes».
(Luc 11:18-21)

La primera vez que le oré a una persona, descansó en el Espíritu. Descansar en el Espíritu es cuando la persona se cae al piso y parece estar durmiendo tranquilamente. Pensé que la había matado. Al instante me juré nunca más orarle a nadie, pero entonces se despertó. Con gran alivio, comenzó mi aprendizaje, leyendo libros espirituales y las Sagradas Escrituras y por las inspiraciones del Espíritu Santo.

CAPÍTULO 5

ENCONTRANDO EL CAMINO

«Y ahora no vivo yo,
sino que Cristo vive en mí».

Gál 2:20

M i primera asignación, después de mi ordenación, me
llevó al Bishop Egan High School (Obispo Egan
Escuela Secundaria), en Filadelfia, Pensilvania, como maestro de
religión. Para mí significó una alegría inmensa, pues después de los
cinco años de formación, me veía de nuevo en un salón de clase.
A los diecinueve años de edad comencé a dar clases en la escuela
parroquial y en la escuela pública de Nueva York. Siempre me
gustó enseñar. Más tarde me asignaron al St. Francis Preparatory
School (Escuela Preparatoria San Francisco, de alumnos internos)
en Spring Grove, Pensilvania. Allí, además de dar clases de español,
estaba encargado de un dormitorio con cuarenta muchachos.

Pabellón del Sagrado Corazón, dormitorio de alumnos internos
del primer año. St. Francis Preparatory School

Un día vi llorando a uno de mis estudiantes. Estaba a punto de ser expulsado y había admitido ser un adicto a las drogas. El muchacho contaba apenas dieciséis años. Le dije que me fuera a ver. Cuando lo hizo, le pedí que se confesara. Después de darle la absolución, oré al Señor que le diera Su bendición, lo ayudara y lo liberara de su adicción a las drogas. Poco tiempo después, sus pésimas notas, mejoraron grandemente, y no sólo eso, sino que pasó a ser un estudiante de honor y un modelo para sus compañeros. Al ver su cambio, muchos de los otros alumnos acudieron a mí para que les orara, pues ya iban comprendiendo el poder de la oración.

En el año 1974 me asignaron a la Universidad de Steubenville. Debido a mi conocimiento de música, me pusieron a trabajar con los estudiantes en varias obras musicales. Por ejemplo, un año presentamos la obra musical *Godspell*, y al año siguiente, *The Me Nobody Knows*. Estas presentaciones tuvieron gran éxito, cosa que sumamente me complació. Durante todo ese tiempo, yo seguía asistiendo a las reuniones del grupo  de oración que el muy conocido sacerdote carismático, el Padre Michael Scanlon, también asistía. Yo me sentaba atrás, observando y escuchando.

Al cabo de tres años, regresé al St. Francis Prep School, donde tuve experiencias muy alentadoras trabajando con gente joven. Una de ellas sucedió un verano cuando llevé a estudiantes extranjeros a pasar el fin de semana a Cape May, Nueva Jersey. Yo daba clases de inglés como segundo idioma, y mi meta era llevarlos en excursiones por dos razones: la primera, que se familiarizaran con la cultura americana, y la segunda, darles la oportunidad de expresarse en inglés en situaciones prácticas. En una ocasión los llevé a *McDonald*, para que compraran hamburguesas.

Esperábamos nuestro turno cuando uno de mis alumnos me dijo: «Padre, ¿puede pedir mi hamburguesa? No sé cómo hacerlo en inglés». Se llamaba Miguel, y era un joven de Colombia, Sur América. Le faltaba

confianza en sí mismo y no se decidía a practicar el idioma en público. Yo me negué rotundamente, y le dije que era necesario que tratara por sí solo. Tan disgustado quedó con mi respuesta, que no pidió nada de comer. La semana siguiente nos fuimos de excursión a *Wendy*. Estábamos todos en fila y Miguel se puso al final. Yo lo observaba, esperando que le llegara el turno, para ver qué hacía. Cuando le llegó su turno, con una sonrisa de oreja a oreja, pidió su hamburguesa sin ninguna dificultad. De ahí en adelante, no tuvo dificultad en comunicarse en inglés. El gozo que yo sentí en aquel momento todavía hoy lo recuerdo y disfruto.

Cuando hicimos el viaje a Nueva Jersey, nos hospedamos en un hotel magnífico. Les di a los jóvenes la libertad de disfrutar la playa y pasear, con la condición de que regresaran a las once en punto de la noche. La hora asignada llegó y se fue, sin que hubiera señales de los alumnos. Ya para las doce yo estaba preocupado, no sabía donde estaban, ni si les había ocurrido algo. Al fin regresaron a

la una de la mañana y me encontraron esperándolos afuera. Yo estaba furioso y los amenacé con terminar el viaje de una vez y regresar a la escuela antes del tiempo convenido. Los obligué a no salir de sus habitaciones en todo el día. Ya por la noche, celebré Misa con ellos, y se me ablandó el corazón. Decidí darles otra oportunidad. De nuevo les asigné hora de regreso y me aseguré de que cada uno entendiera bien que el toque de queda era a las once de la noche. Todos regresaron a su debido tiempo y nos sentimos complacidos por lograrlo.

No todas las experiencias con ellos fueron alentadoras. Al regresar al colegio, me enteré de que uno de los jóvenes había adquirido una revista inmoral de adultos y la tenía escondida en su habitación. Cuando revisé su habitación la confisqué y la rompí. Al poco rato él me vino con la queja de que alguien le había robado una revista. Le pregunté: «¿Puedes describirme la revista?». Enseguida se abstuvo de hacerlo y salió muy de prisa de mi oficina. Nunca más oí hablar de esa revista, ni se repitió una ofensa similar a ésta. Ese incidente se me quedó gravado por mucho tiempo, recordándome las tentaciones que nos rodean siempre.

Por último, algunas de estas experiencias me enseñaron cómo llegar a un arreglo con ellos. Cierto verano, me asignaron a emprender un viaje a Italia. En esta ocasión, nos acompañarían alumnas de un colegio privado. Una de las excursiones incluía visitar la ciudad de Roma por la noche. Inevitablemente, al llegar a cada punto, lo mismo los muchachos como las muchachas se escabullían para comprar botellas de vino. En Roma, la ley no les impedía a menores de edad hacerlo. Cuando llegamos al hotel les  anuncié: «Vamos todos a celebrar una fiesta en el salón del hotel y no se olviden de traer sus botellas». Decidí hacerlo por varias razones. Pensé que sería mejor para el bien de ellos contenerlos a todos en un grupo y evitarles las tentaciones de otras alternativas.

Además, los otros huéspedes estuvieron muy de acuerdo, ya que la algarabía sería moderada y al final todos descansaríamos tranquilos. Como era de esperar, todos bebieron, y hasta algunos se enfermaron, pero al final cada cual se retiró a su habitación a una hora respetable. Llegar a un acuerdo tiene sus ventajas.

Al cabo de doce años en la escuela preparatoria, ya estaba acostumbrado a la enseñanza y hallaba una inmensa paz y gozo en esa labor. Inesperadamente me enviaron al estado de la Florida. Era el año 1989 y tendría que desempeñar un nuevo puesto. Como no conocía a nadie en la Florida, ni tenía idea de lo que me esperaba, me sentí algo nervioso. Llegué a la iglesia de St. Mary, Our Lady of Grace (Sta. María, Ntra. Sra. de la Gracia), en San Petersburgo, justo a tiempo para celebrar la Misa del sábado por la tarde. Cuando me vieron llegar al altar, la gente

Iglesia Sta. María, Ntra. Sra. de la Gracia
San Petersburgo, Fl

me dio la bienvenida con un aplauso. ¡Qué gran sorpresa! Todos me mostraron su amabilidad y me hicieron sentir que era uno de ellos. A los nueve meses de mi llegada, el provincial me dio la noticia de otro cambio. Esta vez fui enviado de capellán al St. Petersburg Catholic High School (Escuela Católica Secundaria de San Petersburgo). Contento acepté esta nueva asignación y anticipadamente la celebré. Estando allí, en el año 1991, un maestro amigo mío me invitó a viajar a Medjugorje. Acepté su invitación con gran anhelo y consecuentemente llegué a tener un encuentro muy especial con la Santísima Virgen.

Poco después de regresar al colegio, recibí una invitación inesperada. Cuatro señoras habían organizado un Cenáculo de la Santísima Virgen y estaban en búsqueda de un sacerdote, para ser el moderador o el director espiritual de este grupo de oración mariano, que se reunía una vez por semana en la capilla del colegio. El Cenáculo era una combinación de devoción mariana y los dones

27

del Espíritu Santo. En las reuniones compartíamos los mensajes del libro del Padre Gobbi, *A los sacerdotes, hijos predilectos de la Santísima Virgen*. El grupo creció espiritualmente. Al mismo tiempo, un grupo de oración hispano se organizaba y me pidieron que fuera su director espiritual. Con gran entusiasmo emprendí la labor de llevar la Palabra a los hispanohablantes de la Bahía de Tampa. Comenzamos con un Seminario de la Vida en el Espíritu. A través del mensaje de salvación, los miembros del grupo Jesús Salvador, comprendieron cómo el Señor sanaba y los escuchaba, pero mejor aún, les hablaba. Una vez al mes celebraba Misas de Sanación y semanalmente daba clases de Biblia. Anualmente proporcionábamos un taller de preparación para la Misa de Sanación del Árbol Genealógico. Por un año transmitimos un programa radial en español, a través de la emisora católica de la Diócesis de San Petersburgo. Los dirigentes del grupo de oración y yo nos reuníamos semanalmente para darle vida al programa «El Camino a Seguir», que fue muy bien acogido por la audiencia hispana, sobre todo por los presidiarios, de los cuales recibíamos sentidas cartas. Hoy día, veinte años después, el Espíritu Santo continúa derramándose con poder sobre este grupo de oración y para la gloria de Dios sigo siendo su director espiritual. Debo añadir que el tiempo que pasé en el St. Petersburg Catholic High School fue un periodo de crecimiento espiritual personal. Primeramente, fui guiado a una relación más profunda con el Espíritu Santo y después con la Madre de Dios. Llevaba dos años en el colegio, cuando me pidieron ser capellán, esta vez en otro escenario completamente distinto. Me pregunté qué tenía el Señor reservado para mí en aquel momento.

Conocía a Dion Brown, una de las fundadoras de la Casa de Oración Nuestra Señora de la Divina Providencia, en Clearwater, Florida. La Sra. Brown me animó a formar parte de su grupo, con el cargo de capellán, para ministrar su apostolado laico, conocido por Marian Servants of Divine Providence (Las Siervas Marianas de la Divina Providencia). La asociación era católica, mariana y carismática, con la misión de llevar a los católicos cristianos a tener un conocimiento más profundo de su vocación y misión cristiana. Parecía ser que yo encajaría bien ahí, ya que aunque no me gustaba ser clasificado de una manera específica, de todos modos, yo era un sacerdote católico, mariano y carismático. El lugar estaba situado a las orillas de la Bahía de Tampa, ofreciendo un panorama hermoso. Al igual de hermosa era la labor que desempeñaba en los ministerios de educación y retiro, las Misas de Sanación y los seminarios. Mi responsabilidad incluía ofrecer dirección espiritual a los miembros del apostolado laico. No obstante la belleza del ambiente, la gente maravillosa y la misión a que fueron llamados, parecía ser que esa no era la esencia de mi misión. El Señor estaba haciendo una labor poderosa en aquel lugar, pero era limitado el papel de capellán que yo desempeñaba, pues no se prestaba a las oportunidades que se me presentaban de ofrecer dirección espiritual y oración de sanación a otros fieles, y yo sentía que ese era mi verdadero llamado del Señor. En oración, de repente tuve una visión, parecía la escena de una película que me confirmó lo que yo sentía en mi interior. Vi entre unas manos, un pergamino en llamas, símbolo que yo interpreté que mi labor allí había llegado a su fin.

Poco tiempo después, los que estaban al mando me dijeron que les parecía que mi misión tendía ser para la comunidad hispana. Siempre pensé que mi misión era mucho más amplia y traspasaba las divisiones arbitrarias de nacionalidad. Mis deseos siempre fueron compartir el amor sanador del Señor en el espíritu de San Pablo, procurando ayudar a todos los que el Señor me enviaba, sin tener en cuenta raza o cultura. Mi misión siempre ha sido para todos. Fueron nueve meses los que serví de capellán en la Casa de Oración. Tal y como se cerraban esas puertas, se me abrieron de par en par las de la parroquia de St. John Vianney (San Juan Vianney), en St. Petersburg Beach (Playa de San Petersburgo).

CAPÍTULO 6

LOS AÑOS FRUCTÍFEROS

«Por el amor que tengo a mis hermanos
y a amigos. Déjenme decir:
"Que vivas siempre en paz".
Por la casa del Señor, nuestro Dios,
te deseo pura felicidad».

Sal 122, 8

El Padre John Murphy era el párroco de la parroquia San Juan Vianney, a la cual fui asignado como su asociado. Recibí de él una bienvenida calurosa. Era delgado, de pelo negro y tenía esa mirada brillante, característica de los irlandeses. Poseía una voz para el canto preciosa y tenía un gran interés en el arte y la música. Bajo su dirección, la iglesia se embelleció con vitrales representando la creación

Iglesia San Juan Vianney, San Petersburgo, Florida

y los cuatro evangelistas. También comisionó la confección de una estatua de bronce tamaño natural de San Juan Vianney, señalando el camino al cielo. Como la música era uno de los intereses del Padre Murphy, se esforzaba en realzar las liturgias procurando ministros de música. Yo le agradecí inmensamente la amplitud que me daba para realizar mi ministerio sacerdotal que duró casi diez años.

Los franciscanos tradicionalmente bendicen los animales el día de la Fiesta de San Francisco de Asís, que se celebra el 4 de octubre. Una vez en esa fecha, el Padre Murphy estaba en el patio de la rectoría con un pajarito herido entre sus manos. Me llamó y mirándolo con compasión me dijo: «Padre Julio, no puede volar, haz algo». Yo oré, pidiéndole al Señor que lo sanara. Inmediatamente se fue volando. Ese día tres animalitos fueron sanados.

Durante mi estancia en San Juan Vianney, seguí con el Cenáculo Mariano. Casi cien personas asistían a los servicios semanales. Estos incluían: Adoración del Santísimo, Santa Misa, enseñanzas de los mensajes de la Sma. Virgen, oración de sanación y una sesión para compartir entre nosotros nuestras experiencias. Los años que pasé en San Juan Vianney aumentaron mi crecimiento espiritual. Me puse al corriente sobre los maravillosos escritos de Concepción Cabrera de Armida «Conchita», una mística mexicana. Sus obras  espirituales, especialmente las que trataban la Eucaristía, el sacerdocio y el significado de la Cruz, tuvieron una profunda influencia en mi vida.

Fue también durante ese tiempo en San Juan Vianney que conocí los escritos de Luisa Piccarreta, a quien el Señor le reveló las enseñanzas de la Divina Voluntad. Estos escritos al igual resonaron en mi corazón. Con la aprobación del Padre Murphy, basado en esos escritos, comencé a darle clases de espiritualidad a un grupo de quince a veinte personas. El grupo no dejó de reunirse después de mi partida y yo continué siendo su director espiritual. Nos hemos mantenido unidos por más de quince años. Mi ministerio sacerdotal creció cien por cien durante esos años de bendición. Le doy gracias al Señor. En mi oficina, situada a la entrada de la rectoría, pasé muchas horas dándole dirección espiritual a todos los que venían. Hice muchas amistades de por vida y fui testigo de muchos milagros.

Durante mis años en San Juan Vianney, me habitué a levantarme a las cuatro de la mañana para pasar por lo menos una hora en oración ante el Señor. Un día, mientras oraba, el Señor me preguntó si estaría dispuesto a sufrir. Sin demora alguna, le contesté que sí. De nuevo me preguntó si yo estaba dispuesto a llevar mi cruz. Otra vez le respondí que sí. Fue un "sí" que casi no tuve que pensarlo mucho. Esto sucedió en el año 2001,  el mismo año en que mi provincial, el Padre Edmund Carroll, T.O.R., me pidió dar un paso que cambiaría mi vida.

La siguiente oración, de autor anónimo, colgaba de la pared de mi oficina y fue mi inspiración por muchos años en San Juan Vianney.

ORACIÓN A LA SANTÍSIMA TRINIDAD

Me inclino ante el Padre que me creó.
Me inclino ante el Hijo que me salvó.
Me inclino ante el Espíritu que me guía.
Con amor y adoración...
Entrego mis labios, entrego mi corazón,
Entrego mi mente, entrego mis fuerzas.
Me inclino y adoro, Trino Sagrado,
Siempre Uno, la Trinidad.

CAPÍTULO 7

LLEVANDO MI CRUZ

Él, que tiene todo poder en su gloria,
los fortalecerá en todo con dones de fuerza,
para que sean pacientes y perseveren con alegría».
Col 1:11

L a iglesia católica romana del Sagrado Corazón en
Bradenton, Florida necesitaba un párroco que dominara
lo mismo el inglés que el español. Pensé que en esta comunidad,
como párroco yo podría compartir los dones de mi sacerdocio.

Entonces no tenía
presente el doble
«sí» que le había
dado al Señor el año
anterior, cuando
en oración me
pidió llevar la cruz.
Comencé mi labor
en enero del 2002,
lleno de entusiasmo
y grandes ideales.

Iglesia Católica Romana del Sagrado Corazón
Bradenton, Florida.

Mi tiempo y labor anterior, como ayudante del Padre Murphy,
habían sido tranquilos, reconocidos y abundantemente bendecidos.

A pesar de mis oraciones, estudios y experiencias, yo no estaba preparado para lo que me venía.

La parroquia, de tamaño mediano, era una mezcla de familias americanas e hispanas. El conflicto salió a relucir casi inmediatamente después de mi llegada. Un grupo de feligreses influyentes no me querían ahí. Yo no me sentía preparado para esta falta de amor y mucho menos comprendía el por qué. Volviéndome hacia el único soporte que conocía, pasaba de una a dos horas en la modesta capillita, ante el Santísimo Sacramento. Día tras día oraba de rodillas por los feligreses y por la sanación de nuestra parroquia. Ese pequeño grupo no era la única causa divisoria, la situación era aún más grave, ya que la parroquia también sufría una división por raíces étnicas. Sin saber qué otra cosa hacer, seguía orando fervorosamente. Yo había consagrado la parroquia al Inmaculado Corazón de María y al Sagrado Corazón de Jesús el día que el obispo me comisionó párroco.

Mientras tanto, muchos feligreses acudían a la Adoración del Santísimo en la capilla. Formaron un ejército orante extraordinario. Dios contesta las oraciones en Su tiempo y a Su manera. Eventualmente, ese pequeño grupo de feligreses descontentos se fue en protesta, a sabiendas de que su retirada afectaría las finanzas de la parroquia. Seguía orando por ellos y los perdoné por el angustioso peso que llevaba en mi corazón. De una manera, debía de estarles agradecido, ya que nunca antes me había sentido tan íntimamente unido a Nuestro Salvador en la Cruz.

La segunda batalla, la unión de la parroquia, se logró poco a poco, gracias a la oración y el gran poder de Dios. Mi plegaria constante era por la unión de la parroquia y el amor entre todos. Quería que fuera una parroquia espiritual y orante, donde todos fueran bienvenidos para adorar al Señor, formando parte de una misma familia. Y así nos unimos como una sola parroquia, para cumplir nuestras necesidades financieras, organizando rifas y toda clase de actividades para recaudar fondos. Muchos amigos de ambos lados de la bahía contribuyeron.

En una ocasión, no contábamos con los fondos para cumplir la nómina del mes. A las cuatro de la mañana, durante mi tiempo de oración con el Señor ante el Santísimo, le recordé que el verdadero párroco era Él, y que por lo tanto, Él conocía muy bien nuestros problemas financieros y necesitábamos su ayuda. Lo relatado ocurrió un día viernes. El sábado, un matrimonio amigo llamó y preguntó si podían pasar a verme ese mismo día. Usualmente no recibía a nadie los sábados, porque siempre estaba ocupado en las actividades del día, pero sin saber por qué, les dije que sí. Vinieron y le regalaron a la parroquia la suma asombrosa de quince mil dólares. Yo jamás les había mencionado nuestro problema financiero y esta donación nos ayudó a pagar el salario de los empleados. Siempre evité pedirles a los feligreses ayuda económica, en vez me dirigía al Señor y nuestras necesidades siempre se solucionaban.

Se requería, como párroco, que dejara un legado en la parroquia que dirigía. Me preguntaba qué quería Dios que yo dejara en la iglesia del Sagrado Corazón. Me vinieron varias ideas, pero ninguna me convencía. Le pedí al Señor su guía y sucedió, que en un viaje de peregrinación a México, fui a la Basílica de la Virgen de Guadalupe a orar. La Sma. Virgen me pidió que le construyera una gruta en honor a su advocación de Nuestra Señora de Guadalupe. ¡Maravillosa inspiración! No tenía ni idea de como llevar a cabo tal hazaña, ya que la parroquia no contaba con los medios económicos y además estaba dividida. Así y todo, con la ayuda de unas amistades muy generosas, compré las estatuas de bronce de la Virgen de Guadalupe y de Juan Diego y me encomendé a ella. Se corrió la voz y sorprendentemente, la

parroquia completa abrazó la idea. La gente comenzó a ofrecer su tiempo, talento y dinero. Phillip Muldoon, uno de los estupendos feligreses del Sagrado Corazón, se me acercó y dijo: «Padre, yo construiré la gruta». Su hijita, al escucharlo declaró: «Pero, papi, tú no sabes hacer una gruta». Su única respuesta fue que la Virgen lo guiaría. Dos jóvenes, los hermanos Julio y José Martínez, ayudaron en la obra y otro miembro de la parroquia puso los vitrales. Todos trabajaron con gran ahínco y hasta instalaron en la gruta un sistema de audición para escuchar himnos religiosos. Se recaudaron fondos de los feligreses, benefactores y hasta los niños contribuyeron con sus ahorritos. Se organizó una rifa con un premio de cinco mil dólares al ganador. Insistieron que fuera yo el que sacara la papeleta ganadora y al hacerlo noté que llevaba escrito este mensaje: «Si es la ganadora, que el dinero lo reciba la iglesia». Más tarde, se organizó un concurso y sucedió lo mismo. Reunimos el dinero para la construcción de la gruta y el embellecimiento de sus alrededores, incluyendo la instalación de una cerca, muy necesaria para su seguridad.

Al terminarse la gruta, los hispanos la adornaron con fragantes rosas rojas y blancas y en enero del 2004 se celebró con gran pompa la dedicación. Gente de todas partes nos acompañaron y escuchamos sus testimonios del poder de la Sma. Virgen. Después de la bendición del Santísimo, en acción de gracias al Señor, con gran alegría celebramos una fiesta, acompañados de música, comida, bailes y trajes regionales. El acontecimiento salió en los periódicos, estimulando aún más interés en la gruta  y atrayendo visitantes. Desde entonces, la gruta ha sido el marco para la celebración de la Fiesta de Ntra. Sra. de Guadalupe y lugar de oración para todos.

Tan pronto se entierra una cruz, surge otra. Recibí una llamada del Obispo John Nevins participándome sobre la necesidad espiritual de los descendientes de haitianos que residían en Bradenton. Enviaría a la parroquia un sacerdote haitiano para celebrar las misas dominicales. Para mí fue una bendición, ya que yo no hablaba el francés criollo. Les dimos la bienvenida a los hermanos haitianos y a nuestro nuevo sacerdote. Compartimos con ellos el amor de Dios y me maravillé al ver lo bien que se llevaban las tres comunidades de distintas culturas.

Le pedí al sacerdote haitiano que designara un representante al consejo de la parroquia. Así lo hizo y por mediación de esa persona nos manteníamos informados de las actividades adicionales de los haitianos en la parroquia. Esto funcionó bien por un tiempo, hasta que el representante no pudo continuar en su cargo y no fue reemplazado. La comunidad haitiana comenzó a sentirse marginada y la cruz se hizo más pesada para ambos lados. Le pedí de nuevo al sacerdote haitiano que designara a otro representante. Al fin, después de muchos disgustos, así lo hizo y gradualmente la parroquia regresó a su normalidad.

Nosotros, los sacerdotes, comprendemos que la vida del sacerdote es de sacrificio y sufrimiento. Si trabajamos en la viña del Señor, sufriremos al igual que San Pablo y los apóstoles. La única forma de contrarrestar la oscuridad espiritual es mediante el amor. El tiempo que pasé en el Sagrado Corazón fue de purificación. Me pareció que nos llevó seis años y medio volver a traer la iglesia al espíritu de Cristo y esto se logró por el poder de la Eucaristía que se mantenía en exposición en la Capilla y era venerada todos los días.

Tantas cosas buenas se lograron en esa parroquia. Contamos con innumerables bellos momentos compartidos entre todos - la comunidad americana, hispana y haitiana. Gracias a la oración y el amor, la gente mantuvo vivo el espíritu de Cristo, siendo fieles al Señor y a la Sma. Virgen. Y cuantos me apoyaron y ayudaron a cumplir como párroco, la gracia de mi sacerdocio. Me siento extremadamente agradecido a todos y por todo, hasta por las cruces, y especialmente les expreso mi agradecimiento al Señor y a la Sma. Virgen.

«Entonces, nuestros amigos son aquellos que injustamente nos afligen...debemos amarlos intensamente, ya que debido a ellos, poseemos la vida eterna».

(San Francisco de Asís)

Celebré mi última Misa en la Iglesia del Sagrado Corazón en julio del 2008. Sentí que el Señor me llamaba a desprenderme de todo por un tiempo. Por primera vez le pedí un permiso sabático a mi superior. Me lo concedió y me retiré a Roma por tres meses. El tiempo lo aproveché en oración, lectura espiritual y visitas al Vaticano con Misas y prédicas del Papa Benedicto en persona. Crecí en fe y amor. Fue entonces cuando en realidad comencé a visualizar este libro. En Roma conocí personas maravillosas y tuve la oportunidad de ejercer mi ministerio en algunos casos. Regresé a los Estados Unidos poco después de celebrar los treinta y nueve años de sacerdocio, y me hallé una vez más en la iglesia católica St. Mary Our Lady of Grace (Sta. María, Ntra. Sra. de la Gracia), en San Petersburgo, Florida, la misma iglesia que me recibió años atrás. Según el círculo se iba completando, sentía que mi regreso a este lugar era una bendición.

Descubrí que la vida de un sacerdote, especialmente el arduo camino a seguir, es la vida de la cruz. El Padre escogió la cruz para Jesús, Su Hijo; Jesús la abrazó por amor a Su Padre. La cruz es el campo de batalla y la única manera de llevar la cruz, es a través del amor. Yo creo firmemente que al abrazar la cruz que el Padre nos da con amor, el Espíritu Santo nos envuelve y el Padre nos sonríe. No estaba muy seguro qué clase de legado dejaría yo en la parroquia del Sagrado Corazón, mas al final, indudablemente se manifestó el amor. ¡Fruto de mucha oración y sufrimiento!

Noviembre-Diciembre 2008
Boletín Informativo Provincial
Tercera Orden Regular de San Francisco de la Penitencia
Provincia del Sacratísimo Corazón de Jesús

Despedida de un Párroco

El periódico Bradenton Herald recientemente ha publicado una fotografía acompañada de un extenso artículo titulado: «Se despide un

Verdadero Pastor – el Rev. Julio Rivero, T.O.R. de la iglesia del Sagrado Corazón, amado párroco y defensor de los pobres».

De acuerdo al artículo: «Es un final agridulce para un hombre al cual muchos se volvían en tiempos de crisis personal o espiritual. También para la comunidad inmigrante y pobre que rodea la iglesia, la cual se beneficiaba de los incesantes actos de caridad dirigidos por el Padre Julio».

El Dr. Volodymyr Smeryk, canciller de la Diócesis Católica de Venice, dijo del Padre Julio: «Se entrega con pasión a la ayuda de los pobres. Siempre me ha impresionado cuánto se preocupa por la gente, por la parroquia y por los pobres».

La Dra. Teresa Vereb, un médico local, miembro de la iglesia por 28 años, e inmigrante de Warsaw, Polonia, dice del Padre Julio que es un verdadero pastor. «Siempre se entregó por completo y no media su tiempo. Es un sacerdote que de muchas maneras nos acercó al Señor».

El artículo resaltó que el Padre Julio servía ambas comunidades, la americana y la hispana, en sus respectivos idiomas. El les hizo un llamado a una y otra comunidad para unir la humilde parroquia. Celebraba Misas en español y expandió los programas ofrecidos, lo mismo en inglés que en español.

La Sra. Luz Corcuera, una activista de la comunidad, dijo: «Voy a echar de menos su amable y compasiva presencia. Valoro la paz y el amor que el Padre Julio ha traído a nuestra comunidad, pero sé que dondequiera que él vaya, llevará consigo esperanza y amor a los hermanos que más lo necesitan».

Segunda Parte

La labor sacerdotal en el Espíritu

«Si se quedan en Mí, y mis palabras permanecen en ustedes, todo lo que deseen lo pedirán, y se les concederá».
Jn 15:7

Capítulo 8

Dirección Espiritual

«Pues llegarás primero que el Señor
para prepararle el camino,
para enseñar a su pueblo lo que será la salvación
cuando se les perdonen sus pecados».

Lc 1:76-77

Desde el principio, cuando me ocupaba de mis alumnos, proveer dirección espiritual componía una parte importante de mi sacerdocio. Esta floreció al relacionarme con los que asistían al Cenáculo Mariano y a las clases de espiritualidad. Muchos de ellos eran atraídos a una vida de oración e intimidad con el Señor, y les servía de gran ayuda poder hablar con un sacerdote y recibir guía y sanación mediante el sacramento de la Reconciliación.

Acudían a mí, gente de la parroquia, de las ciudades vecinas, amigos de amigos, parientes de parientes y hasta del otro extremo del mundo, me consultaban por teléfono. Al mismo tiempo comprendí mejor el significado del sacerdocio: una vida de sacrificio. Por lo tanto, procuraba recibir a todos los que me solicitaban. Sentía en mí un cambio, y quisiera a continuación compartir algunas de mis experiencias. Para proteger la identidad de las personas envueltas en los siguientes casos, he cambiado sus nombres.

Isabel, una joven de apenas treinta años, aparentaba ser mucho mayor. Angustiada espiritualmente, su apariencia física delataba sus espantosas experiencias. Me confió sus problemas, pero al dar por terminado su relato, yo le dije que no me lo había contado todo. Después de un rato, le pregunté directamente que cuántos bebés había abortado. Lloró amargamente, y entre sollozos, me confesó avergonzada, que había abortado a nueve. Muchas mujeres abortan por vergüenza, algunas por carencia económica y otras hasta creen que están en su derecho, pues es «una inconveniencia». Piensan que se deshacen de «algo» que todavía no es una persona. No se dan cuenta o no quieren admitir, que Dios es el autor de la vida y que ésta comienza en el momento de la concepción. Volviendo al caso de Isabel, le pedí al Señor que la liberara. El Señor la sanó por completo y la liberó de una poderosa atadura. A la semana siguiente, vino a verme. Era otra persona, vibrante, feliz y libre de culpabilidad. La misericordia de Dios la liberó de la esclavitud.

Jaime, un hombre trabajador, de mediana edad, llegó a mi oficina quejándose de que el demonio le estaba gastando bromas. Estaba convencido que éste le escondía su escapulario y no importaba dónde lo pusiera por la noche, amanecía en otro sitio. Sinceramente, yo no sabía si esto era un cuento o una realidad, así que mientras él hablaba, yo invocaba al Espíritu Santo. De repente, le dije que estaba mintiéndome y que debía ir ante el Señor y orar, y después venir a confesarse. Así lo hizo y a los tres días me llamó por teléfono para decirme que yo, confrontándolo con la verdad, había sido la única persona que lo había podido ayudar, ya que él había estado bajo tratamiento psiquiátrico repetidas veces y no le había dado resultado. De ahí en adelante tuvo un cambio rotundo.

Recuerdo bien a María, una joven hispana, que estando embarazada vino a verme para que bendijera al bebé que esperaba. Resaltaba en esa joven piadosa su gran amor por el Señor. El Espíritu Santo me dio la visión de un niño en los brazos de Jesús, y me di cuenta que ya el Señor lo había bendecido, y así se lo dije a su mamá. Doce años más tarde, conocí al niño. Era un jovencito de gran espiritualidad, que amaba a la Iglesia y a la Eucaristía. De hecho, quería ser sacerdote. Con ternura, su mamá me recordó las palabras proféticas, que yo sin darme cuenta, había pronunciado hacía tantos años. El Señor mismo lo había bendecido.

Algunos creyentes necesitaban ayuda para discernir su vocación. Rogelio, un tímido joven, me confesó su deseo de unirse a los Hermanos Franciscanos de la Renovación, la orden fundada por el Padre Benedicto Groeschel. El tenía sus reservas, pues su papá no estaba de acuerdo. Le pedí al Espíritu Santo que me dirigiera y le pregunté su edad. Al contestarme que tenía veinticinco años, le aconsejé que ya era hora de que hiciera sus propias decisiones. Me devolvió una sonrisa, y poco después ingresó en la Orden y fue ordenado en mayo de 2009.

Luisa, otra joven, que discernía su vocación, sufría una lucha interna, pues tenía un padre muy dominante, que se oponía a su deseo de ser monja. Yo la animé a seguir adelante con ese llamado del Señor y le aconsejé que le pidiera valentía y fortaleza. Hoy en día, la Orden de La Madre Angélica en el Santuario del Santísimo Sacramento en Hanceville, Alabama, cuenta con otra devota religiosa más.

Otra jovencita, llamémosla Gabriela, quería ingresar en las Carmelitas como religiosa de clausura. Vino a verme para ventilar sus preocupaciones y temores. Afortunadamente, ella contaba con el apoyo de su familia. Yo la alenté en su decisión y le sugerí distintas comunidades de clausura. Escogió una en el estado de Michigan, y ha profesado los votos solemnes.

Muchos creyentes han venido a mí en busca de dirección espiritual. Me piden consejo para seguir creciendo en la vida de oración; para discernir la voluntad de Dios en situaciones difíciles; para guía en cuestiones de los padres, los esposos, los hijos, el trabajo, las tentaciones, o el pecado. Yo creo firmemente que el Señor quiere compartir la plenitud de Su sacerdocio con los sacerdotes, para que nosotros, a su vez, compartamos Su Espíritu con los necesitados que Él nos pone en el camino.

CAPÍTULO 9

EL DON DE SANACIÓN

« "Y estas señales acompañarán a los que crean:
en mi Nombre echarán los espíritus malos,
hablarán en nuevas lenguas, (...)
Pondrán las manos sobre los enfermos y los sanarán".
Así, pues, el Señor Jesús, después de hablar con ellos,
fue llevado al cielo (...)».
Mc 16:17-19

Jesús comisionó a sus setenta y dos discípulos, antes de su ascensión al cielo, a que fueran en Su nombre a predicar y sanar. Todos los que creen en Él, están incluidos en esta comisión.

«Ahora me toca irme al Padre, pero les digo;
el que cree en mí hará las mismas cosas que yo
hago, y aún hará cosas mayores». (Jn 14:12)

Los dones del Espíritu son tanto para la Iglesia, como para todos. Por consiguiente, el Sacramento de los Enfermos es un sacramento de sanación. En la Iglesia hay quienes desconfían, que en el espíritu de Cristo, el Espíritu Santo todavía siga derramando Sus dones, tal como el de sanación. No obstante, Él está con toda certeza, derramando Sus dones en el mundo. Durante una reunión del Cenáculo, en San Juan Vianney, una señora que yo conocía muy bien se me acercó a pedirme oración. Le pregunté lo que le pedía al Señor. Con toda honestidad me contestó que le pedía la sanación de su mandíbula, que estaba dislocada y agregó que a finales de semana iba a someterse a una operación. Me acobardé interiormente y dije: «Señor, no puedo hacer esto». Con valentía, apoyándome en la fe, oré con ella. Descansó en el Espíritu por veinte minutos y cuando se levantó, sintió mucho dolor. Pensé, «¡ay Dios mío, espero que esté bien!». En realidad, había recibido la sanación. Los detalles de esta milagrosa sanación se encuentran en los testimonios del Apéndice de este libro. Supe entonces que el Señor me había dado el don de sanación. Este don se me fue concedido después de haber recibido el Bautismo en el Espíritu Santo, y el Señor lo reveló a Su manera: ¡Inesperadamente y sin previo aviso!

Para dar testimonio del gran poder del Espíritu Santo, compartiré algunas de las muchas sanaciones que han ocurrido. Una vez más, para proteger la identidad de las personas envueltas, he cambiado sus nombres. También he incluido otros testimonios de sanación en el Apéndice. Que todo honor y gloria sea a nuestro Señor misericordioso.

«Por sus llagas fueron ustedes sanados». (1 P 2:24)

† Adelaida, una señora mayor de escasos recursos, vino a pedirme oración. Ella sufría de sordera, llevaba aparatos para sordos y quería recuperar el oído. Como en muchas otras ocasiones, ante situaciones similares, me le quejé al Señor: «Señor, no sé si pueda». Después de la oración, descansó en el Espíritu. El esposo, muy preocupado, me preguntó qué le había hecho yo a su esposa. Pensé: «¡Ay, Dios mío, qué lío otra vez!». Sin embargo, la próxima semana vino a verme y me trajo los aparatos para sordos, ya que no los necesitaba. Ella y su esposo se sentían muy agradecidos.

† Un amigo allegado me convidó a visitar un grupo que se reunía en una casa en Filadelfia. Al entrar, el Espíritu Santo me inspiró a preguntar quién estaba enfermo en esa casa. Resultó ser la mamá del anfitrión. Cuando oré con ella, asombrosamente se sanó. De nuevo, yo sería el más sobresaltado, ya que era principiante en ejercer los dones. Todavía no llegaba a comprender que no era yo

el que sanaba. Leía sobre el tema, tratando de entender cómo es que el Señor obraba por mediación mía como sacerdote.

† Algunas sanaciones ocurrieron a través de la línea telefónica. Un día, me llamó una familia del Perú, la cual no conocía. La hija sufría de la enfermedad de lupus. Por teléfono, acompañado de su familia, me puse a orar por su sanación. Dos días más tarde, recibí otra llamada de ellos, alabando y bendiciendo al Señor por la sanación de su hija. Es curioso, pero nunca supe cómo se enteraron de mi número de teléfono.

† Una vez me convidaron a dar un servicio de sanación en la iglesia de San Sebastián en Akron, Ohio. A un hombre de mediana edad, consumido por el cáncer, los médicos le habían dado seis meses de vida. Yo le pedí al Señor que lo sanara. Al otro día, sintió un hedor horrible en su cuerpo y fue a verse con el médico. Este le confirmó que el olor era producido por el cáncer que se estaba secando y quedó completamente sanado. La próxima semana, muy contento, dio su testimonio en la iglesia.

† Muy angustiada por haber malogrado tres embarazos, Bárbara vino a recibir oración. Ella y su esposo, un hombre piadoso, deseaban tener hijos. Coloqué la mano en su vientre mientras le oraba, y ella exclamó que no podía resistir el calor que mi mano producía. En pocos años tuvieron cinco hermosos hijos. Hay muchos casos de mujeres estériles que han concebido después de recibir oración de sanación. Algunas hasta han tenido gemelos.

† El Padre Miguel, un sacerdote amigo mío, vino a recibir oración para una condición del corazón que era congénita. Juntos le pedimos al Espíritu Santo que tuviera misericordia de él. Poco tiempo después, quedó completamente sano y pudo servir por muchos años en sus deberes sacerdotales.

† Marinela, tremendamente asustada por un cáncer del estómago, vino a recibir oración de sanación. A propósito, iba a ingresar al otro día para ser intervenida. Lleno de esperanza, me senté a su lado y oré con ella. Esa misma noche, el cirujano, tuvo un sueño y sintió la necesidad de repetirle los rayos-x, antes de la operación. Al hacerlo, los resultados dieron que el cáncer

brillaba por su ausencia. Los detalles de este milagro, incluyendo la declaración del médico, se pueden encontrar en el Apéndice del libro.

† Una joven llamada Ana, vino a recibir oración. A raíz de haber sido hospitalizada, comenzó a padecer de severos dolores abdominales. A pesar de muchas investigaciones, los médicos no daban con la causa del dolor. Oré con ella, y el dolor se agravó. Al llegar a su casa, expulsó por si misma una gasa que le habían dejado adentro. El dolor se desapareció.

No siempre Dios responde a las oraciones dando la sanación física.

† Una madre me pidió que fuera al hospital a orarle a su hijo de diecisiete años que padecía de cáncer. Le pregunté al hijo si le gustaría que le orara y lo hallé muy abierto a la oración, así que pedí por su sanación. Más tarde, cuando oraba en mi habitación tuve la visión de este joven, en el hospital, y el Señor parado a los pies de su cama. El Señor extendía sus brazos al muchacho, como si estuviera invitándolo a venir a Él. Preocupado por él, le preguntaba a la mamá cómo seguía su hijo, y ella con tristeza me respondía que seguía igual. Cuando murió, le conté a la mamá la visión que tuve. Ella me dijo que desde que su hijo estaba en su vientre, ella sintió que el Señor se lo llevaría algún día. Sin darle la descripción física del muchacho, le pedí a un amigo artista que pintara la visión. Al presentarme la obra, noté que el parecido del muchacho era extraordinario, incluyendo su pelo rubio y ojos azules. Le di el cuadro a la madre, quien lo recibió con gran gozo. Sencillamente, esta era la voluntad de Dios para el joven. Me asombró de la manera que el Señor la reveló.

† En otra ocasión, una señora que estaba muy enojada, vino a pedirme oración de sanación. El Señor me hizo saber que ella necesitaba perdonar a alguien, y más tarde descubrí que ese alguien era su ex-esposo. Habían pasado por un divorcio cáustico, no hacía mucho tiempo. «¿Perdonarlo?», me dijo, «¡No, nunca!». Le advertí que si no lo perdonaba, el Señor no podía hacer nada por ella. Volvió de nuevo y le pregunté si podía ya perdonar a su ex-esposo. Esta vez me respondió que no estaba muy segura,

aunque ya se estaba ablandando. Cuando vino por la tercera vez, me respondió que sí, pero le dije que así no bastaba, que tenía que orar y decirle al Señor que lo perdonaba. En el mismo instante que terminó de orar en esa forma, quedó completamente sanada.

† Marta, una señora que hacía tiempo que padecía de fuertes dolores de cabeza, vino a pedirme oración de sanación. Los médicos no hallaban la causa. Varias veces la atendí, y fue por el poder del Espíritu Santo que le recomendé el Sacramento de la Reconciliación. Después de la confesión, al darle la absolución, oré una oración de liberación. Sus dolores desaparecieron y quedó completamente sanada.

† Muchas veces, las personas temen confesar los pecados mortales. Se los guardan por miedo, y ese miedo crea una atadura. Cuando sienten miedo y están atados, renuncian al completo control de su humanidad y llegan a ser controlados por el pecado oculto. Un hombre que estaba a punto de suicidarse, vino a confesarse. Me llamó la próxima semana para decirme que cuando oré con él, sintió un cosquilleo en el cuerpo y ya no se sintió controlado por ese pecado en particular. En otra ocasión, una señora vino a pedirme oración para la sanación de una herida que tenía en la pierna. La herida no se cerraba, y ya presentaba principios de gangrena. Oré con ella y le dije que pidiera perdón por el pecado que ocultaba, y al hacerlo, la pierna se le sanó por completo.

† Un día, recibí una llamada de una madre desesperada, que lloraba desconsoladamente porque a su bebito le habían descubierto un tumor canceroso en el cerebro. Le era imposible traerme al bebé, por eso le pedí que lo acercara al teléfono y entonces oré por él. Unas semanas más tarde vino a la oficina con el niño en brazos. Estaba completamente sano.

† Una vez, cuando me preparaba para celebrar la Santa Misa, me embargó un miedo horrendo. Sentí que algo le iba a suceder a un niñito. Me arrodillé y le pedí al Señor que lo protegiera, también a su ángel de la guarda. Por la tarde cuando dieron las noticias del día, escuché que un niño de cuatro años deambulaba por la autopista, mientras su mamá dormía en la casa.

Por la gracia de Dios, un conductor divisó a la criatura, y a tiempo pudo detener su auto, lo recogió y así lo salvó.

† En el año 1992, llevé un grupo de peregrinos a la Tierra Santa. Una de las señoras del grupo no podía caminar y esperaba en el autobús mientras los demás subíamos el cerro cerca de Betania, el Monte de los Olivos, punto desde el cual el Señor ascendió a los cielos. Estando allí, fui inspirado a que la trajeran a dicho sitio, para que pisara el lugar desde donde el Señor había ascendido a los cielos. Entre varios del grupo la llevaron en brazos. Oré con ella y fue durante la oración que ella sintió el poder sanador del Señor y quedó completamente sanada. Se regresó al autobús por sus propios pies.

† Una madre me trajo a su bebé de tres meses que estaba enfermo. No podía reconciliar el sueño y como resultado estaba siempre irritable e incómodo. Cuando oré con él, poco a poco fue cerrando sus ojitos y cayó en un sueño profundo. El descansó en el Espíritu y consecuentemente fue sanado.

† Vienen a mí, en muchas ocasiones, madres pidiéndome que ore por sus bebés. Yo les digo a cada una: «Ud. es la mamá, puede orar por su hijo, y él se sanará, siempre y cuando tenga fe». Esto yo lo tengo muy claro, por experiencia propia. Un hermano mío sufría de terribles convulsiones y mi mamá ya no sabía qué hacer. En la iglesia un domingo, le pidió a Jesús el Nazareno, la sanación de mi hermano. Hizo la promesa que si se sanaba, todos los Viernes Santos, en la procesión de la iglesia, lo vestiría de morado y formaría parte de ella. Nunca más tuvo convulsiones, y todos los Viernes Santos caminaba en la procesión, vestido de morado.

† En Venezuela, en la Finca Betania, una mamá insistía pidiéndome oración por su bebé que estaba enfermo. Yo titubeé, porque no quería ni llamar la atención ni desviarla de las apariciones. Pero al igual que la viuda persistente de los Evangelios, ella continuó insistiendo. Oré por su hijo que sufría de una enfermedad severa del sistema nervioso y dos días después me dijo que el niño estaba completamente curado.

Estos ejemplos son parte de cientos de respuestas a la oración de sanación, que he podido ver al Señor, en su misericordia, conceder. Hay muchos sacerdotes jóvenes que dan a conocer el espíritu de Cristo con audacia y valentía, predicando y orando por la sanación en el nombre de Jesús, tal y como Jesús les pide a los creyentes que hagan. Somos un pueblo sacerdotal. Los sacerdotes, los religiosos, y los laicos: todos nosotros somos llamados a ser sanadores de diferentes maneras. Necesitamos más personas que sirvan en la viña del Señor, en el sacerdocio de Cristo. Como sacerdote, siempre animo a los laicos a que se esfuercen en ejercer el don del sacerdocio común que recibieron en el Bautismo.

CAPÍTULO 10

EL DON DE LIBERACIÓN

«Todo será por obra de la tierna bondad de nuestro Dios
que nos trae del cielo la visita del Sol que se levanta
para alumbrar a aquellos que se encuentran
entre tinieblas y sombras de muerte
y para guiar nuestros pasos por el camino de la paz».
Luc 1:78-79

Un hombre extraño, hundido en una oscuridad espiritual, me vino a ver. Misteriosamente, sentí al maligno decir: «No ores con él. No ejerzas tus dones, porque no lo merece». Inmediatamente pensé: «¡Ay Señor mío! Dios ama a este hombre». No le dije que estaba orando una oración de liberación, sencillamente oraba. Y aprendí algo de esta experiencia.

La oración de liberación es aquella que combate al maligno que trata de controlarnos y a su vez, impedir que recibamos la gracia de la Vida Divina y el Amor Divino de Dios. En el libro *Secrets of the Eucharist* (Secretos de la Eucaristía), de Michael H. Brown, una cita preciosa del Padre Pío, describe lo que es la liberación.

> *«Cuando el sacerdote nos bendice, lo hace para*
> *invitar a la Trinidad y expulsar a los espíritus*
> *malignos. El Padre Pío así se lo explicó a una*

señora en el confesionario y ella se horrorizó. *¡Demonios! ¿Es que le estaba diciendo que estaba poseída? Era un caso de liberación y en varias ocasiones, todos necesitamos ser liberados. El Padre Pío replicó: "Yo no le saqué los demonios, sino que los expulsé lejos de usted"».*

St. Pio of Pietrelcina
(1887 - 1968)

La misión de Cristo es labor de los sacerdotes y de los laicos por igual, ya que el llamado es para que todos participen en ella. El deber del sacerdote no consiste solamente en celebrar la Misa, sino también, por el poder del Espíritu Santo, llevarles la sanación y conversión a los creyentes. Leemos en las Sagradas Escrituras que Jesús continuamente estaba liberando de los espíritus malignos a la gente. Cuando una persona viene a confesarse y está en estado de pecado mortal, a veces el Espíritu Santo me hace saber que necesito agregar oraciones. Las oraciones de las que hablo, son las de liberación, pues por mediación del sacramento de la Reconciliación el Señor perdona y sana.

✠ En cierta ocasión Maruja vino en busca de dirección espiritual. Era una joven de cabello largo y sedoso, y ojos azul celeste, pero a pesar de su belleza, tenía el semblante entristecido, pues cargaba sentimientos de culpabilidad por su pasado. Me dejó saber la vida pecaminosa que había vivido. Fervorosamente oré con ella y el Señor me reveló que existía un gran obstáculo en su vida. Ella sentía un miedo pavoroso de confesármelo, pero por el poder del Espíritu Santo, yo mismo se lo señalé. Al instante, ella rompió en sollozos, lloró y tembló. En oración, le pedí al Señor que la liberara de ese obstáculo. Quedó completamente liberada y la próxima vez que la vi, parecía otra persona. Tuve ante mí a una joven bella, por dentro y por fuera.

✠ En otra ocasión, dos señoras me pidieron que las acompañara a orar a casa de una amiga que decía escuchar voces, procedentes de un espejo en su dormitorio. Dicha amiga también creía que su esposo le estaba haciendo brujería para que no lo dejara. Yo no tenía ningún deseo de ir, pues carecía de experiencia en esos asuntos y no tenía ni idea de lo que me pudiera encontrar. Al fin accedí, pero les dije, e insistí, en que cubrieran el espejo con una sábana blanca. Pasé cuatro horas orando con ella, para liberarla de una feroz lucha espiritual. Por el poder del Espíritu Santo, pedí que varios objetos que se encontraban en la casa fueran desechados, incluyendo el espejo, un cuadro y una estatua negra de Buda. La señora rápidamente accedió y más nunca se escucharon voces. A propósito, también oré por la liberación de las dos amigas, que diariamente sufrían de fuertes dolores de cabeza. Igualmente, quedaron completamente curadas.

✠ Sarita, una joven de veinte años, había perdido la facultad del habla. Me pidieron que orara con ella y después de una oración de liberación, comenzó a emitir fuertes sonidos incomprensibles. De nuevo oré y ella comenzó a hablar. El Señor la liberó de un espíritu mudo. Ya podía llevar una vida normal y cantarle alabanzas al Señor.

Repetidas veces me llaman para bendecir casas donde hay perturbaciones causadas por almas que necesitan oración. Muy a menudo, es el alma de un miembro de la familia que ha fallecido. Al celebrar una Misa por esa alma, las perturbaciones cesan. Este ejemplo nos recuerda la importancia de las oraciones y las Misas ofrecidas por seres queridos que han fallecido, al igual que por las almas del purgatorio. Esas almas dependen completamente de nuestras oraciones, porque ellas no pueden orar por sí mismas.

✠ Una madre jovencita, llamémosla Teresa, vino a verme. Su bebé no podía dormir en su habitación, lloraba incansablemente, noche tras noche. Toda la familia estaba afectada, ya que nadie podía reconciliar el sueño. Me pidió que fuera a su casa para bendecir su cuarto. Así lo hice y de paso bendije toda la casa, ya que estaba allí. De repente, el Señor me reveló que hacía mucho tiempo, en esa habitación había sucedido un homicidio. Se hizo una investigación del incidente y se descubrió el nombre de la persona asesinada. Se ofrecieron oraciones y una Misa por esa alma, resultando en la paz y tranquilidad del bebé y de toda la familia.

⚓ Durante una visita prolongada en la ciudad de Roma, me encontré con una religiosa que conocía a una viejita que sufría espiritualmente. La hermana estaba bajo la impresión de que su amiga estaba poseída y me pidió que hablara con ella. En una iglesia local, me entrevisté con la señora y ésta me confió que dos amigas muy allegadas, se habían enemistado y vuelto en contra de ella, sin razón alguna. Pasó el tiempo y estas fallecieron, pero ella nunca dejó de sentirse mal y temía salir de su casa. Además, sospechaba que esas dos personas habían practicado ritos de las ciencias ocultas en su casa. Yo le expliqué que ella no necesitaba un exorcismo, sino que debía perdonar. Me dijo: «Padre, yo puedo olvidar, pero no puedo perdonar». Le contesté que si no perdonaba a sus amigas difuntas, nunca se libraría de ese peso. Al fin me dijo que sí, que las perdonaba. Fue en ese momento en que pude orar con ella. Al día siguiente fui a visitarla y me encontré con una persona libre y feliz. Le aconsejé que no dejara de orar, asistir a la iglesia y recibir la Eucaristía.

«Casi nadie puede considerarse inmune a la necesidad de recibir sanación interior y a veces, liberación. Todos necesitamos oración y gracia. Reconozcámoslo o no, nuestra lucha es contra las principalidades de este mundo. Por la gracia del Amor Divino de Dios, tenemos el poder, por medio de la fe en Jesucristo, para combatir las creaturas malignas que buscan destruirnos».

(Michael Brown
Secrets of the Eucharist)

Capítulo 11

El don de exorcismo

«Nos arrancó del poder de las tinieblas
y nos trasladó al Reino de su Hijo amado».
Col 1:13

A mediados de la década de 1990, un joven miembro de una parroquia en la diócesis de San Petersburgo, sufría de severos problemas psicológicos y a pesar de haberse sometido a extensos tratamientos psicoterapéuticos, no presentaba ninguna mejoría. Se sospechaba que este era un caso de posesión demoníaca. Por mediación de un sacerdote amigo, que lo conocía y se tomó el interés en ayudarlo, cumpliendo los requisitos propios de la Iglesia, le pidió al obispo permiso para realizar un exorcismo. El obispo se puso en contacto con el canciller de la diócesis y éste, a su vez, conmigo. Le pedí colaboración al sacerdote de la parroquia del joven afligido, el Padre James Gigliotti, T.O.R., al igual que a una señora muy espiritual de nuestro grupo de oración, Yvonne Dunstan, para que nos acompañara y apoyara con la oración y el rosario. Al sacerdote, le pedí que ayunara y fuera a confesarse el día anterior, tal y como yo también lo haría.

Al día siguiente, juntos oramos sobre el joven las oraciones de la Iglesia para un exorcismo simple. Oramos para que por medio de la Sangre de Cristo, se liberara del demonio que lo andaba molestando por tanto tiempo. El grito espantoso que emitió el espíritu maligno cuando salió de él, tiró contra la pared al sacerdote que estaba asistiendo. Entonces, inesperadamente, el joven quedó tranquilo y sereno. Desde ese momento su vida recobró normalidad. Por el poder del Espíritu Santo, ya no necesitó más ayuda psiquiátrica. Aunque esta fue mi única experiencia de exorcismo, hasta el día de hoy, sólo en pensarlo me da escalofríos.

En otra oportunidad, la mamá de una niña de diez años llamó para concertar una cita para su hija Kiona. La niñita había sido adoptada en Corea, cuando apenas tenía unos días de nacida. Más tarde, la mamá adoptiva, se enteró que la niña había sido consagrada a Satanás cuando estaba en el vientre de su madre. La niñita se había convertido en una amenaza seria, especialmente contra los otros niños de la casa. Por ejemplo, los cuchillos y otros objetos mortíferos, tenían que ser escondidos para que la niña no los llegara a usar. Cuando fui a visitarla, Kia rehusó hablar conmigo, ni me miraba de frente. Al ponerle en sus manos un artículo religioso, lo arrojó contra el piso, como si le quemara la piel. Le hablé del amor de Jesús, se volteó con desprecio y escupió el piso desahogando su ira furiosamente. No había nada que pudiera hacer en aquel momento, salvo decirle a su mamá que pidiera directamente al obispo, el permiso para un exorcismo. Que yo sepa, no lo hizo. Fue una situación muy triste.

La definición de exorcismo en el Catecismo de la Iglesia Católica (CIC) es la siguiente:

> *«Cuando la Iglesia pide públicamente y con autoridad, en nombre de Jesucristo, que una persona o un objeto sea protegido contra las asechanzas del maligno y sustraída a su dominio, se habla de exorcismo».* (CIC 1673)

Solamente hay dos formas de exorcismos reconocidas, el simple y el solemne. En la forma simple, el exorcismo tiene lugar durante la celebración del Bautismo. El Catecismo nos dice:

> *«Puesto que el Bautismo significa la liberación del pecado y de su instigador, el diablo, se pronuncian uno o varios exorcismos sobre el candidato. Este es ungido con el óleo de los*

catecúmenos o bien el celebrante le impone la mano y el candidato renuncia explícitamente a Satanás. Así preparado, puede confesar la fe de la Iglesia, a la cual será confiado por el Bautismo». (CIC 1237)

El exorcismo solemne se lleva a cabo solamente por un sacerdote y únicamente con permiso del obispo. Esta ha sido la regla de la Iglesia en su sabiduría, desde el Concejo de Laodicea, a mediados del siglo cuarto. El Catecismo nos dice:

«En estos casos es preciso proceder con prudencia, observando estrictamente las reglas establecidas por la Iglesia. El exorcismo intenta expulsar a los demonios o liberar del dominio demoníaco gracias a la autoridad espiritual que Jesús ha confiado a su Iglesia. Muy distinto es el caso de las enfermedades, sobre todo psíquicas, cuyo cuidado pertenece a la ciencia médica. Por tanto, es importante asegurarse, antes de celebrar el exorcismo, de que se trata de una presencia del Maligno y no de una enfermedad» (CIC 1673)

A menudo se confunde el rito de exorcismo con la práctica de oraciones de liberación, las cuales pueden ser recitadas por cualquier cristiano. En su libro, *The Rite: the Making of a Modern Exorcist* (El Rito: La formación de un exorcista moderno), Matt Baglio, cita las palabras de Francis MacNutt, para explicar la diferencia. A continuación la traducción del inglés de dicha cita:

«El exorcismo "es una oración formal que se usa para liberar a una persona poseída por espíritus malignos", mientras que la liberación "es un proceso que se lleva a cabo, principalmente por la oración, para liberar a una persona que está oprimida o infestada por espíritus malignos, pero no poseída"».

Baglio procede explicando que la táctica principal de un demonio es mantenerse escondido, para convencer a la víctima que ella sufre de un desorden psicológico. A continuación la traducción del inglés detallando que:

«(...) existen cinco trampas que el exorcista novicio debe de precaver: (1) ninguna reacción, por un largo rato, de parte del demonio (...) (2) el demonio finge su partida, después de manifestarse(...) (3) el demonio confunde al exorcista creando síntomas de una enfermedad mental en la víctima; (4) el demonio revela la existencia de un maleficio y la forma en que puede el exorcista deshacerlo (...) y (5) el demonio permite que la víctima reciba la Eucaristía como prueba de liberación»

En el año 1997, un joven profesor de una universidad vino a verme porque mentalmente recibía mensajes aparentemente demoníacos. ordenándolo a matar a ciertas personas. Oré con él y mientras decía la oración de liberación, un demonio se fue de su lado y se sentó en la silla que estaba enfrente de él. Aunque no lo veía con mis ojos, podía sentir su presencia. El demonio me dijo en voz alta: «No me iré». Sobresaltado, el profesor me preguntó si yo había oído la voz del demonio. Le contesté que sí la había oído y que se comunicara con el obispo para pedirle un exorcismo solemne. Sufrí una decepción, nunca más supe de él.

Las oraciones de exorcismo, llamadas El Ritual, son a menudo recitadas en latín, explica Baglio, pues aunque la víctima no entienda el latín, el demonio, con toda seguridad sí. El Padre Giancarlo Gramolazzo, el presidente de la Asociación Internacional de Exorcistas hoy en día, ha dicho que de todo, lo más importante es que el exorcista tenga fe. El poder de la oración no depende de la fórmula, sino de la fe.

«Pónganse la armadura de Dios, para poder resistir las maniobras del diablo. Porque nuestra lucha no es contra fuerzas humanas, sino contra los gobernantes y autoridades que dirigen este mundo y sus fuerzas oscuras. Nos enfrentamos con los espíritus y las fuerzas sobrenaturales del mal. Por eso pónganse la armadura de Dios, para que en el día malo puedan resistir y mantenerse en la fila, valiéndose de todas sus armas. Tomen la verdad como cinturón, la justicia como coraza, y, como calzado, el celo por propagar el

Evangelio de la paz. Tengan siempre en la mano el escudo de la fe, y así podrán atajar las flechas incendiarias del demonio. Por último, usen el casco de la salvación y la espada del Espíritu, o sea, la palabra de Dios». (Ef 6:11-17)

El mismo Jesús hace referencia a la liberación en El Padre Nuestro, la oración que nos enseñó. En unos escritos de Basilio Caballero en *Cada Día*, he encontrado excelentes puntos de vista sobre la liberación. Las primeras tres peticiones que hacemos en oración se dirigen directamente a Dios, al que comenzamos a llamarle Padre *nuestro*. *«Santificado sea Tu nombre»* quiere decir que Su persona es santa. *«Vénganos Tu reino»*, el Catecismo nos dice: *«La venida del reino de Dios es la derrota del reino de Satanás»* (CIC 550). Caballero cree que esto se refiere a la venida del reino de la Divina Voluntad. Cristo derrotó al diablo, y a Su regreso, si somos uno con Cristo en la Divina Voluntad, todos juntos derrotaremos a Satanás. El Catecismo cita algunos pasajes de la Biblia sobre el reino de Dios:

«Si yo echo los demonios con el soplo del Espíritu de Dios, comprendan que el Reino de Dios ha llegado a ustedes». (Mt 12:28)

«Los exorcismos de Jesús liberan a los hombres del dominio de los demonios. Anticipan la gran victoria de Jesús sobre "el príncipe de este mundo (Jn 12:31)"» (CIC 550)

El reino de Dios será establecido con toda certeza por la cruz de Cristo: *«Dios reinó desde el madero».* (Oración vespertina de la Semana Santa). La segunda parte del Padre Nuestro incluye las cuatro peticiones. *«Nuestro pan de cada día»* tiene un significado triple: nuestro sustento material, el pan de la Palabra y el pan de la Eucaristía. *«Perdona nuestras ofensas, como también nosotros perdonamos a los que nos ofenden».* Nos indica que el perdón de nuestras ofensas contra Dios está directamente relacionado y depende en que perdonemos a nuestros hermanos que nos han ofendido. *«No nos dejes caer en tentación»*, se refiere a nuestras tentaciones diarias, y sobre todo, las grandes pruebas del maligno contra Cristo y el Padre. Y finalmente, *«Líbranos del mal...»* y es aquí que le pedimos al Señor, que nos libere de todo mal, para poder servir a Dios y al prójimo todos los días de nuestra vida.

Baglio resume como fundamento esencial, que todo creyente puede claramente comprender: Donde está Dios, se destruye el poder del maligno.

«Y comprendan con qué extraordinaria fuerza actúa él a favor de los que hemos creído. Esta fuerza se ha manifestado en Cristo, cuando lo resucitó de entre los muertos y lo hizo sentar a su lado, en los cielos, mucho más arriba que todo poder, autoridad, dominio, o cualquier otra fuerza sobrenatural que se pueda mencionar, no sólo en este mundo, sino también en el mundo futuro. Dios, pues, colocó todo bajo los pies de Cristo, para que, estando más arriba que todo, fuera cabeza de la iglesia, la cual en su cuerpo, El, que llena todo en todos, despliega en ella su plenitud». (Ef 1:19-23)

TERCERA PARTE

ESPIGANDO ENSEÑANZAS DEL ESPÍRITU SANTO

«Envíame tu luz y tu verdad;
que ellas sean mi guía
y a tu santa montaña me conduzcan,
al lugar donde habitas».
Sal 43:3

CAPÍTULO 12

RENOVADO POR LA GRACIA

«Derramaré sobre ustedes agua purificadora
y quedarán purificados...
Les daré un corazón nuevo, y pondré dentro de ustedes
un espíritu nuevo...
Ustedes serán para mí un pueblo
Y a mí me tendrán por su Dios».
Ez 36:25-29

Me llamaron para que ungiera a cierto moribundo, que había sido bautizado, pero llevaba muchos años sin asistir a Misa. Le pedí que reflexionara en la pasión y muerte de Jesucristo y que le ofreciera todos sus sufrimientos por la salvación de su alma y la conversión de los pecadores. Entonces le dije que hablara con Jesús y le dijera, «Jesús, te amo». Una gran paz lo envolvió y sin temor ninguno, expiró, repitiendo: «Jesús, te amo».

Jesús nos contó la parábola de la oveja perdida: el rebaño de cien ovejas, y el pastor que deja las noventa y nueve en búsqueda de la perdida, para regresarla al rebaño. Dios está constantemente llamando al rebaño a todas sus ovejas que andan descarriadas. Hasta desde la Cruz, Jesús oró por su rebaño perdido. La Santísima Virgen constantemente intercede por las ovejas descarriadas. La mayoría de nosotros no puede comprender la inmensidad y profundidad de la misericordia y el amor de Dios para tan sólo un alma. Nuestra salvación, la salvación de cada alma, es de suma importancia para Dios. Él desea que cada uno de nosotros nos unamos a Él por toda la eternidad; sin importarle que nuestra vida haya sido imperfecta, ni si lo hemos reconocido o amado, como debimos de haberlo hecho. Solamente nos basta mirar un crucifijo para creer la verdad y saber que las puertas de la salvación están abiertas y esperando nuestro regreso a Dios; aunque esta decisión sea hecha en el último momento de la vida. Por otra parte, nuestro rechazo final, cerrarán esas puertas para siempre. Por virtud de nuestro Bautismo, somos los hijos adoptivos de Dios. Él nos conoce por nuestros propios nombres y cada cabello en la cabeza ha sido contado. En la familia de Dios, somos miembros muy amados.

«Ustedes ahora son hijos; por esta razón Dios mandó a nuestros corazones el Espíritu de su propio Hijo que clama al Padre: ¡Abbá!, o sea: ¡Papito! Así, pues, ya no eres esclavo, sino hijo, y tuya es la herencia por gracia de Dios».
(Gál 4:6-7)

Juan Bautista le dio a sus seguidores el Bautismo del arrepentimiento. Jesús les dio a sus seguidores el Bautismo, consagrándolos a Él mismo, el Cristo, por el poder del Espíritu Santo. La Catequesis de Jerusalén nos revela que por el hecho de ser bautizados en Cristo y revestidos en Él, somos renovados a semejanza del Hijo de Dios. Además, por la Consagración Bautismal en Cristo, fuimos unidos a los tres grandes misterios de la vida de Cristo: Su Encarnación, Su Pasión y Muerte y Su Resurrección.

Por el Fiat de la Santísima Virgen: *«Hágase en mí lo que has dicho»* (Luc 1:38), la Palabra Encarnada vino a morar en el corazón de María, antes de ella concebirlo en su vientre. Nuestro Fiat es nuestra Consagración Bautismal. Por mediación de esa autorización o Fiat, la Palabra Encarnada viene a morar en nosotros, cuando leemos y meditamos en las Sagradas Escrituras, escuchamos la Palabra proclamada en la Misa, y compartimos la

Palabra con los demás. También damos testimonio de la Palabra que vive en nosotros, cuando servimos con amor a nuestro prójimo, incluyendo a nuestros enemigos y toda la creación de Dios, por el poder de la Palabra. Cuando unimos nuestras oraciones, sacrificios y sufrimientos a los de Jesús, y se lo ofrecemos al Padre con Jesús, por la salvación de las almas, participamos en la pasión y muerte de Cristo. El reino de Jesús se nos abrió por la cruz. Unidos a Jesús en el amor de la cruz, hacemos también la Voluntad del Padre y compartimos en la unión del Padre, del Hijo y del Espíritu Santo. Así como participamos en el sufrimiento de Nuestro Señor aquí en la tierra, participaremos en su gloria en el nuevo Jerusalén. Nuestra vida entera nos prepara para nuestra propia resurrección y liberación.

Jesús nos quiere preparados y listos. Él quiere que nuestras lámparas, (corazones) se mantengan encendidas con el aceite santo de nuestra Consagración Bautismal a Él. Cuando morimos en la imagen de Cristo, glorificamos al Padre y el Padre entonces, nos glorifica como lo hizo con Jesús, Su Hijo amado. Por nuestra Consagración Bautismal, también participamos en el ministerio de Cristo, como sacerdote, profeta y rey. Somos pueblo sacerdotal cuando unidos al sacerdote, ofrecemos el sacrificio de Cristo en la Santa Misa. Somos pueblo profético, cuando escuchamos la Palabra, la vivimos y la compartimos. Y somos pueblo real, cuando compartimos el ministerio de Nuestro Señor, sirviendo al prójimo.

Al vivir en el espíritu y semejanza a Cristo, Su misión pasa a ser la nuestra, su Voluntad, también la nuestra, para así poder abrazar Su Vida Divina. El Padre nos da todos los hermosos dones que necesitamos para poder llevar a cabo la misión de Cristo, el Salvador. San Pablo nos dice que al recibir el Bautismo, quedamos sellados con el Espíritu Santo.

> *«Ustedes también, al escuchar la Palabra de la Verdad, el Evangelio que los salva, creyeron en él, quedando sellados con el Espíritu Santo prometido, el cual es el anticipo de nuestra herencia». (Ef 1:13)*

73

«¿No saben ustedes que son Templo de Dios,
y que el Espíritu de Dios habita en ustedes?».
(1 Cor 3:16)

Adán y Eva comieron del fruto del árbol de la vida, para ser como Dios. Quisieron forjar su propia felicidad sin contar con Dios. Esto resultó en caos y desastre, la expulsión de la humanidad del Paraíso Terrenal y la muerte. En la tradición judía se creía que la ley del Señor se convirtió en el nuevo árbol de la vida.

En el Nuevo Testamento, Jesús, la Palabra de Dios, es la Nueva Sabiduría. La cruz gloriosa de Cristo, plantada en el corazón del mundo, es el nuevo árbol de la vida. Cuando recibimos el Bautismo, experimentamos un nuevo comienzo, un nuevo nacimiento, una nueva vida. Quedamos limpios del pecado original y del personal. Hasta nos hacemos más resistentes a las tentaciones del maligno. Nuestras almas adquirieron una belleza sobrenatural, llenas de la gracia santificante, la que no podemos ver, pero Dios sí la ve.

El pecado estropea la belleza de nuestra alma, la mancha y la profana. El pecado ocurre cuando escogemos nuestra voluntad humana sobre la Divina Voluntad. Cuando pecamos, la belleza del espíritu de Dios no puede vivir en nosotros y consecuentemente, la imagen de Cristo se ausenta. De una u otra manera, esto nos sucede a todos nosotros, pues damos por sentado nuestra fe.

Cristo nos dio la Parábola de Los Dos Hijos:

«Jesús agregó: "¿Qué les parece esto? Un
hombre tenía dos hijos. Se dirigió al primero y
le dijo: Hijo, hoy tienes que ir a trabajar a mi
viña. Y él respondió: No quiero. Pero después se
arrepintió y fue. Luego el padre se acercó al otro
y le mandó lo mismo. Este respondió: Voy, señor.
Pero no fue". Jesús, pues, preguntó: "¿Cuál
de los dos hizo lo que quería el padre?". Ellos
contestaron: "El primero". Y Jesús prosiguió:
"En verdad, los publicanos y las prostitutas les
preceden a ustedes en el Reino de los Cielos"».
(Mt 21:28-31)

En el sacramento de la Reconciliación encontramos la renovación de la Consagración Bautismal. Esa es la razón por la cual Nuestro Señor instituyó el sacramento de la Reconciliación, para que la Consagración Bautismal pueda ser renovada y purificada. Los padres de la Iglesia le llamaban un segundo Bautismo, al sacramento de la Reconciliación. Por mediación de este sacramento, nuestras almas son restauradas a la gracia original, para poder de nuevo recibir la Santa Eucaristía. Por ser cristianos, somos llamados a reflexionar sobre nuestra Consagración Bautismal en Cristo. Si permanecemos enraizados, de mente y corazón, en lo mundano, puede que no nos tomemos el tiempo para comprender qué nos ha dado Dios para nuestra salvación y la salvación del mundo. En el presente, vivimos un tiempo de Gracia Divina, mientras esperamos el reino de la Vida Divina de Dios, el cual ha sido revelado en la Oración del Señor (el Padre Nuestro): «Hágase tu voluntad así en la tierra como en el cielo...».

Durante estos años de adviento, tiempo de preparación, buscamos las señales que Dios nos dará, señales que Jesús viene en su gloria, con el poder del Espíritu Santo. Su reino aquí en la tierra será uno de paz, justicia, gozo, felicidad y amor. Producirá en cada uno de nosotros una nueva espiritualidad. Dios desea que Sus hijos en la tierra se unan a su reino del cielo, en una vida majestuosa, la vida de Dios; que nos llevará a Su Divina Voluntad.

Por mediación de los poderosos sacramentos del Bautismo y de la Reconciliación, los pecados son perdonados y la Vida Divina es restaurada a las almas, por el poder del Espíritu Santo. Dios ama a sus criaturas de tal manera, que no se fija tanto en nuestras debilidades, como en la belleza que ha creado. Cuando llevamos la imagen y semejanza de Cristo en nosotros, el espíritu de Dios mora dentro de nosotros. Dios creó al hombre para que fuera feliz. Dios no nos abandonó, mas envió a Su hijo a morir en la cruz, para liberarnos de la esclavitud y restaurar la amistad con Él. Cristo prepara el camino para crear en cada uno de nosotros, Su vida, la vida del Padre y la del Espíritu Santo, de manera que podamos caminar en su Amor Divino.

Concepción Cabrera de Armida, "Conchita", de México, cuya causa está en proceso de beatificación, ha escrito muchos libros aprobados por la Iglesia. Su libro, *Yo Soy: Meditaciones Eucarísticas en el Evangelio* nos ofrece para reflexionar estos pensamientos:

(Jesús habla...)

«Tú eres de la tierra, pero tuviste un Salvador que es del cielo y vino a unir, a juntar esos dos polos con el imán poderoso del amor; a comprarte con el precio de su propia vida; por eso vales más que todas las maravillas del firmamento, y eres superior a los astros, porque vales la vida de tu Jesús siempre dispuesto a sacrificarla por ti».

«Tú "no quieres la muerte del pecador sino que se convierta y viva" (Ez 33:11). Levanta mis ojos, mi espíritu y todo mi ser, para que te busque, Bien infinito, en quien están encerrados todos los bienes. Las penas pasan y el premio será eterno; la prueba es corta y el cielo perdurable. Allá los que lloran serán consolados, los limpios de corazón serán felices».

CAPÍTULO 13

ALIMENTADOS POR EL PAN
DE LA VIDA

«Yo soy el pan vivo bajado del cielo».
Jn 6:51

A ntes de celebrar mi primera Misa Tridentina, ensayé con los monaguillos de la iglesia del Sagrado Corazón. Fue un ensayo completo, es decir, hasta incluí una hostia. Cuando terminamos, comencé a guardarlo todo y noté que la hostia que usé para el ensayo, estaba palpitando como un corazón. Yo había dicho en latín las oraciones de la consagración y el Señor me las tomó en serio. Enseguida consumí la Hostia consagrada. Esto me sirvió de vívida advertencia: cuando recibimos el Cuerpo y la Sangre, verdaderamente recibimos al Señor resucitado, a Jesucristo.

«En verdad les digo: si no comen la carne del Hijo del hombre y no beben su sangre, no viven de verdad». (Jn 6:53)

Mientras Jesús enseñaba en una sinagoga de Cafarnaún, continuó el discurso de este gran don de la Santa Eucaristía, el cual pronto instituiría por amor a nosotros.

«El que come mi carne y bebe mi sangre, vive de vida eterna, y yo lo resucitaré en el último día. Mi carne es comida verdadera, y mi sangre es bebida verdadera. El que come mi carne y bebe mi sangre permanece en mí, y yo en él. Como el Padre, que vive, me envió, y yo vivo por él, así quien me come a mí tendrá de mí la vida. Este es el pan que ha bajado del cielo, no como el que comieron vuestros antepasados, los cuales murieron. El que coma de este pan vivirá para siempre». (Jn 6:54-58)

Es por la fe que creemos que Jesús es el pan vivo que le da la vida al que lo coma. La carne de Jesús nos recuerda el misterio de la encarnación del Señor y su vida en este mundo. La sangre de Cristo nos adentra en el sacrificio de Su vida por la nuestra. Su sangre es derramada por nosotros para que podamos tomar parte en la Vida Divina, por mediación de la nueva y eterna alianza. Recibir la Santa Eucaristía es recibir a Cristo. Cada vez que celebramos la Misa, somos transformados en la vida de Cristo, Su Pasión y resurrección, por el poder del Espíritu Santo y la Palabra siempre presente.

«Yo soy el pan vivo bajado del cielo; el que coma de este pan vivirá para siempre. El pan que yo daré es mi carne, y la daré para vida del mundo». (Jn 6:51)

Por el Sacramento de la Santa Eucaristía, Jesús nos alimenta, nos satisface e infunde en nosotros el poder de la santidad, que nos lleva a la vida eterna. Cuando, en estado de gracia, recibimos la Santa Eucaristía, por nuestro Bautismo seguimos el ejemplo de Cristo y llegamos a transformarnos más y más en Cristo y en Su Vida Divina. Como todo lo que tenemos viene del Padre, la Santa Eucaristía es también un don del Padre. La fe para creer en Jesucristo, el Hijo de Dios, es un don del Padre. Nuestra fe no se basa en puros milagros o señales, sino en el Cristo de la Pascua, cuyo trono es la cruz.

«Pues por gracia de Dios han sido salvados, por medio de la fe. Ustedes no tienen mérito en este asunto: es un don de Dios». (Ef 2:8)

Creemos en tan gran verdad, porque el Padre nos ha dado el don de la fe, para creer en la verdadera presencia de Cristo en la Santa Eucaristía. El don de la fe es la perla de gran valor. Cuando recibimos la Santa Eucaristía en estado de gracia, nosotros nutrimos el don de la fe. Otro poderoso don del Padre, es el poder del Espíritu Santo. Al poner nuestra fe en Cristo, el Espíritu Santo se convierte en nuestro santificador. Él nos purifica y nos limpia, mediante el Sacramento de la Reconciliación. Es por mediación de este gran sacramento del perdón y renovación, que nosotros llegamos a ser completamente purificados, para poder participar en el sacramento de la Santa Eucaristía, en un hermoso estado de gracia. En el momento en que recibimos a Jesús en la Eucaristía, en estado de gracia y con el corazón abierto, Él nos transforma en el Señor vivo. Entonces, llegamos a ser Su hostia viva para otros y para el mundo.

Nuestra apertura a la fe se refleja en cómo nosotros correspondemos. La fe es siempre activa, nunca pasiva. Respondemos a la fe y nos abrimos a la Vida Divina cuando escuchamos y seguimos Su Palabra y recibimos los sacramentos. Pero antes que nada, debemos tener fe en Cristo. Viviendo la cruz, en Él y por Él, vamos al Padre. La cruz nos aportó bondad, santidad, verdad y amor. San Juan de la Cruz dijo que la cruz contiene todos los tesoros de Dios.

No somos un pueblo sin esperanza, ni un pueblo esclavo, andando a tientas buscando la verdad. La revelación de la verdad ya se nos ha dado en Jesucristo. Encontramos la vida en el Cristo resucitado que nos guía a la gloria del Padre. Cuando Jesús resucitó de entre los muertos, Él nos resucitó a todos, llevándonos a los brazos del Padre. En Cristo, ya participamos en la vida de la Trinidad. Tenemos vida, vemos al Padre, caminamos en santidad, somos consagrados por el Bautismo en la familia de la Santísima Trinidad y hasta compartimos en la Vida Divina de la Santísima Trinidad.

Por mediación de Cristo, Dios nos guía hacía el día en que su Voluntad se hará en la tierra como en el cielo. Al abrir nuestro corazón a Jesús, somos transformados en Cristo, por la misericordia y compasión de Dios. Cuando Jesús reina en nuestros corazones, por el poder del Espíritu Santo, vivimos en Su voluntad en la tierra como en el cielo. ¡Qué hermoso regalo nuestro al Padre este sería – que nos ofreciéramos a Él de la misma manera que Jesús se ofreció, en la cruz, desinteresado y abierto a Su Voluntad!

Otros pensamientos del libro de Conchita, *Yo Soy*:

(Jesús habla…)

«Ven a recibir este Pan de caridad, que nada cuesta, que 'se da de balde' (Is 55:1), pues basta la limpieza de corazón para acercarse a la Eucaristía. Ven».

«Resucita y aspira esta vida de amor, que soy Yo; come y bebe, y sacia tu corazón del mismo que es la Vida, que vino para darte "vida en abundancia" (Jn 10:10); el Verbo divino que se hizo carne para sacrificarla en una cruz y probarte con esto su amor, tomando un corazón humano que sufriera, y se estremeciera y palpitara al compás del tuyo».

«Sólo un Dios podía satisfacer la ofensa a un Dios, y el amor, sólo el amor, me hizo ofrecerme al Padre por tu bien, y descender al vientre de una Virgen, a las pajas de un pesebre, a los sudores de un taller, a las afrentas, dolores y humillaciones del Calvario, a la muerte de cruz, y a ser perpetua Víctima en los altares mientras hubiera alguien a quien alimentar con mi Cuerpo, con mi Sangre y mi misma Vida.

»¡Dios te tocaba, te rodeaba, pero tú no podías acercártele! Por eso vine Yo a hacerme Eucaristía, para vivir a tu lado ocultando mis resplandores, descendiendo hasta tu corazón, para enriquecerlo y transformarlo, La Creación, la Redención, la Comunión, son pruebas de que Yo soy Amor, siempre he sido y jamás dejaré de ser Amor.

«La Eucaristía tiene la virtud de convertirte en Mí. ¡Si comprendieras el don de Dios, Yo soy el Pan de vida bajado del cielo por puro amor!

»Mi Carne y mi Sangre te darán fortaleza en los combates de la vida, y te comunicarán el vigor celestial que llevó a los mártires a entregarse por amor».

«Crecer en el Espíritu de fe es tu santificación. Este espíritu consiste en creer, vivir y hacer todo iluminado por la fe, orientando a esa luz los instintos de la naturaleza: gustos, costumbres y aspiraciones, haciéndolo con un fin sobrenatural. Que la presencia y el sentimiento de Dios te acompañen siempre.

»Ábreme tu corazón porque quiero poseerlo y enseñarte a mirar todo a la luz de la fe y del amor».

CAPÍTULO 14

EL CORAZÓN DE LA FE ES EL AMOR Y EL ALMA DE LA FE ES LA ORACIÓN

«Dios es amor.
El que permanece en el amor,
en Dios permanece,
y Dios en él».
1 Jn 4:16

Cierto día me encontraba oyendo confesiones en St. Petersburg Catholic High School (la Escuela Secundaria Católica de San Petersburgo, Florida) en la cual desempeñaba el cargo de capellán, cuando un joven de diecisiete años me confesó, con toda honestidad, que llevaba años sin ir a la iglesia. Me aclaró que él asistía a la Misa, pero aunque físicamente ocupaba un espacio, estaba ausente, ya que no le prestaba atención ni a la Palabra, ni a la homilía y que a menudo se marchaba antes de tiempo. Únicamente iba para cumplir con la obligación.

Nunca fue la intención de Dios que le diéramos cabida a esta frialdad de corazón hacía nuestro Padre, ni al Señor Jesucristo en la Palabra y en la Santa Eucaristía. Cuando se va a la iglesia con la mentalidad de cumplir con una obligación, quizás las palabras carezcan de sentido, los corazones estén amargados, las mentes cerradas y las actitudes frías como el hielo, cuando debía de ser todo lo contrario: escuchar la Palabra, ser nutrido por la Santa Eucaristía, encontrar un nuevo enfoque, andar por el camino de la santidad y expresarle nuestro amor a Dios. La experiencia de la conversión por medio de los sacramentos, las Escrituras y la oración, no está llamada a suceder una sola vez en la vida, sino que es una continua experiencia de un corazón hambriento que se abre a la Palabra de Dios. Sin fe no podemos orar, porque el alma de la fe es la oración y el corazón de la fe es el amor.

La verdadera oración fluye del corazón, pues el corazón es el trono de la súplica. Al orar, debemos de comprender que no es el esfuerzo de los labios lo que afecta el corazón, sino el esfuerzo del corazón, lo que afecta nuestro ser. Sin la oración nunca conoceremos a Dios. La oración y la reverencia no proceden de los labios, ni siquiera de la mente, sino del corazón.

Por el *amor* conocemos a Dios. Dios es amor. Mientras más le comunicamos a Dios que lo amamos, más Amor Divino recibiremos. Por mediación del Amor Divino de Dios, engendramos sabiduría. Él derrama en nosotros Su Amor Divino y poco a poco el amor nos abre a la sabiduría de Dios. La sabiduría es un don de amor.

Cuando sintamos el deseo de pasar el tiempo con Dios, hablarle, invitarlo a nuestras vida y corazón -enamorarnos de Él – entonces nuestra oración procederá del corazón.

El corazón es el trono del Amor Divino. Mientras más amor se le ofrece al Padre, al Hijo y al Espíritu Santo, se sufre menos distracciones y tentaciones. Combatimos el mal con el Amor Divino que Él derrama sobre nosotros, al momento que humildemente le expresamos nuestro amor. Una vez que el corazón es purificado por el Amor Divino, la mente y el corazón llegan a ser uno en la esfera de la presencia de Dios. Entonces, se nos facilita combatir los obstáculos y las distracciones que nos acechan cuando oramos. El trono y el centro de todas las virtudes es el amor. El amor es la mayor gracia de Dios.

La oración es desear a Dios íntimamente, y ese deseo está profundamente enraizado en nuestra psique humana. Reconocer la presencia íntima de Dios en nuestra vida, es oración. El conocimiento de quiénes somos en Dios, nuestro creador, redentor y santificador, es oración. La oración es una relación personal con Dios, una conversación con Él. Cuando conversamos con otras personas, procuramos estar consciente de lo que decimos y de lo que nos dicen. Nuestra conversación con Dios es muy parecida. Si disponemos de cinco minutos para Él, permitámosle esos cinco minutos exclusivamente a Él, no a pensamientos buenos o malos o distracciones necias. Dios desea que abramos nuestros corazones al unirnos a Él en oración.

«Además el Espíritu nos viene a socorrer en nuestra debilidad; porque no sabemos pedir de la manera que se debe, pero el propio Espíritu intercede por nosotros con gemidos que no se pueden expresar. Y aquel que penetra los secretos más íntimos, conoce los anhelos del Espíritu cuando ruega por los santos según la manera de Dios». (Rm 8:26-27)

Quizás nos parece que no sabemos cómo orar debidamente. Una forma de orar es la meditación. La meditación nos ayuda a enriquecer nuestra amorosa relación con Dios, al igual que a desarrollar las virtudes. Dialogar es de suma importancia; escuchar mientras oramos al Padre, al Hijo y al Espíritu Santo. Nos dirigimos al Padre con alabanzas, gratitud y amor. Nos unimos a los ángeles y santos en alabanza y acción de gracias, agradeciéndole a Él por todo lo que nos ha dado: el don de la creación, la vida, Jesús y María, nuestro ángel custodio, hogar, vocación, familia y amistades y por la fe. Nos humillamos ante el Padre, reconociendo que Él es nuestro Padre celestial. Lo llamamos, «Abbá, Padre» por amor.

Después nos abrimos a Jesús en la oración. Le pedimos que nos ayude a vencer los obstáculos que nos evitan amarlo completamente; especialmente la barrera que se interpone por la falta del perdón. En el «Padre Nuestro» Jesús nos dice que seremos perdonados con la misma medida en que perdonemos. El evangelio de San Marcos nos muestra un pasaje similar:

«Y cuando se pongan de pie para orar, si tienen algo contra alguien, perdónenlo, para que el Padre del Cielo, el Padre de ustedes, les perdone también sus faltas». (Mc 11:25)

Escojamos un tema para meditar y presentémoselo al Señor en forma de diálogo. Nuestro tema puede provenir de las Sagradas Escrituras, especialmente uno sobre la vida de Cristo. La Palabra nutre la oración y nos transforma en la Vida Divina de Dios, porque la Palabra es Jesús, el Hijo de Dios. Al meditar en la vida de Dios, por mediación del Espíritu Santo, recibimos las gracias que nos ayudan a crecer más y más en la imagen de Cristo, más y más en la santidad. En la liturgia, el tiempo de Adviento, la Cuaresma y la Pascua, nos inspiran a meditar en los tres grandes misterios de la vida de Cristo: Su Encarnación, Pasión y Resurrección. Para la meditación, otras fuentes de gran provecho serían:

– la virtud opuesta a la debilidad que percibimos en nosotros y necesitamos corregir,

– un pasaje de *My Daily Bread*, un librito de meditaciones diarias basadas en la Palabra del día que a menudo le recomiendo a aquellos que vienen a mí para dirección espiritual, y buscan crecer en las virtudes y la vida espiritual,

– uno de los tres llamados que recibimos en el Bautismo: sacerdote, profeta y rey,

– uno de los siete sacramentos,

– uno de los frutos del Espíritu, *«el fruto del Espíritu es caridad, alegría y paz, paciencia, comprensión de los demás, bondad y fidelidad, mansedumbre y dominio de sí mismo».* (Gál 5:22-23)

Cuando le oramos al Espíritu Santo, podemos declararle nuestro amor y darle las gracias por todos los dones que nos ha dado. Lo invitamos a adentrarse en nuestra vida y le pedimos que se quede con nosotros, para que nos dirija y guíe a crecer en la imagen de Cristo, en amor a Dios y al prójimo. Le rogamos al Espíritu Santo que nos de la gracia para realizar lo que le hemos pedido a Jesús durante nuestra meditación, la que pudo haber sido sobre un misterio de la vida de Cristo, o una virtud necesaria para combatir una falta específica. Por nuestro Bautismo, somos llamados a imitar la vida y las virtudes de Cristo. La única manera posible de vivirlas, es por el Espíritu Santo, que nos da los dones para hacerlo. Pero eso también, debemos de pedirlo.

«Por eso les digo: todo lo que pidan en la oración, crean que ya lo han recibido y lo tendrán».
(Mk 11:24)

Nos volvemos de corazón hacia nuestra Madre, la Santísima Virgen, la joya de la Santísima Trinidad. Le comunicamos que la amamos, agradeciéndole tanto por su intercesión y protección, como por su constante y perfecto amor que nos prodiga. Le pedimos que interceda por nosotros y nuestra familia, al igual que por cualquier otra intención que tengamos. Debemos de terminar nuestra meditación con un tiempo de silencio, gozándonos de la belleza y la paz que emana de la presencia amorosa de Dios.

El meditar recompensa espiritualmente y nos llena de paz, mas para hacerlo fielmente, cuesta esfuerzo y disciplina. Nuestra fidelidad en la oración meditativa le demuestra a Dios nuestro amor por Él. Si hacemos el esfuerzo en perseverar en la oración, presentarnos ante nuestro Dios Trino, orando de corazón, como lo hizo Jesús en el Huerto de los Olivos arrodillado ante el Padre, el Espíritu Santo no nos decepcionará y nos dotará con la gracia necesaria para la oración meditativa. El centro de nuestra vida espiritual es la oración. Debemos de invocar a Dios en nuestros sufrimientos, alegrías y dificultades. Es de suma importancia tener esa unión con Dios Padre, Hijo y Espíritu Santo.

Otra forma de orar que nos brinda la Iglesia es la oración vocal. A menudo no nos damos cuenta de la profundidad de estas oraciones. Solamente vemos la parte superficial y no el espíritu de la devoción. Esta oración abarca otra dimensión.

El Rosario. Algunas personas me dicen que les resulta difícil rezar el rosario de corazón. Cuando oramos el rosario, María, que vivió cada precioso misterio, nos acompaña en la oración. Pudiéramos pensar que el Ave María es el fondo musical, al caminar con la Virgen en espíritu y santidad, meditando con ella cada misterio. El rosario en sí, tiene forma circular. Comienza con los misterios gozosos, seguidos por los luminosos, los dolorosos y los gloriosos, misterios de la vida de Cristo. Los misterios son circulares, es decir, se unen unos con otros y se unen a nuestra propia vida. Al rezar el rosario, nos situamos en la vida de Cristo, permitiéndole a María, la Madre de Jesús, que nos guíe para adentrarnos en Sus misterios, para vivirlos y asemejarnos más a Cristo. María es el modelo de los misterios de Cristo. Si meditamos en todos los misterios seguidos, podemos percibir el mensaje del Padre: Jesús es el mensaje del Padre. Los misterios nos conducen al Padre, en la imagen de Cristo. Estos son misterios que tenemos que vivir. Cuando rezamos el rosario, nos unimos a los primeros cristianos, los cuales realizaron cada uno de estos misterios con Jesús. El rosario es un sacramental que personifica toda la vida de Cristo, la que nos fue infundida en el Bautismo. Es una oración que nos conduce a la vida de Cristo, la que debe de ser reflejada en nuestras propias vidas, aquí en la tierra.

La Coronilla de la Divina Misericordia. En esta oración Eucarística, le ofrecemos al Padre el Cuerpo, la Sangre, el Alma y la Divinidad de Cristo resucitado. Abrimos nuestro corazón para ofrecer el sacrificio nuestro, unido al de Jesús, tal y como lo hacemos en la Consagración de la Misa. Cuando rezamos la Coronilla, caminamos junto al Padre, por el misterio de la Pasión de Nuestro Señor, con Jesús de cerca. Recordamos el sufrimiento de Cristo y la misericordia de Dios. Jesús nos enseña que al igual que Él es misericordioso, nosotros debemos de serlo con los demás. Debemos de seguir, compartir y vivir la vida de Cristo en el don de la misericordia.

Las Estaciones de la Cruz. (Conocido también como el *Via Crusis*). Esta es otra oración que abarca dos dimensiones. Vemos y meditamos en Jesús, que murió por nosotros, quizás sin darnos cuenta que Él nos enseña por Su ejemplo, a que hagamos lo mismo. Un pasaje del libro de Luisa Piccarreta, *Las Horas de la Pasión de Nuestro Señor Jesucristo*, lo describe a la perfección. (Traducido del libro en inglés).

> *«Si guardo todo lo que está dentro de mí - sufrimientos, irritaciones- como si fuera mío propio, nunca estaré a solas con Jesús. Debo de guardar lo que me rodea y hasta las criaturas, como si les pertenecieran a Jesús, para que a su vez, rodeen a Jesús como un séquito; por otro lado, si los guardo como si me concernieran, no estaré a solas con Jesús. Por eso es que debo de poner todo lo que me concierne, lo interior y lo exterior, alrededor de Jesús para hacerle compañía; y así estaré satisfecha solamente con Jesús. Que Jesús sea mi único aliento, mi único latido del corazón».*

Actos de Consagración. Hacer un acto de consagración mediante una oración es una práctica excelente. A continuación encontrarán el «Acto de Consagración al Inmaculado Corazón de María», de forma personal y la «Consagración de la Familia al Inmaculado Corazón de María» por nuestros seres queridos.

ACTO DE CONSAGRACIÓN AL
INMACULADO CORAZÓN DE MARÍA
*Yo, -tu nombre- pecador infiel,
renuevo y ratifico hoy en vuestras manos,
oh Madre Inmaculada,
los votos de mi bautismo.
Renuncio para siempre a Satanás,
a sus pompas y a sus obras,
y me entrego enteramente a Jesucristo,
Sabiduría encarnada,
para llevar mi cruz tras Él, todos los días de mi vida;*

y a fin de que sea más fiel de lo que he sido hasta ahora,
os escojo hoy, ¡oh María!,
en presencia de toda la corte celestial,
por mi Madre y Señora.
Os entrego y consagro, en calidad de esclavo,
mi cuerpo y mi alma, mis bienes interiores y exteriores,
y aun el valor de mis buenas acciones,
pasadas presentes, y futuras,
otorgándoos entero y pleno derecho de mí y de todo
lo que me pertenece,
sin excepción, a vuestro agrado,
a la mayor gloria de Dios,
en el tiempo y la eternidad.
Amén.

(San Luis M. de Montfort)

CONSAGRACIÓN DE LA FAMILIA
AL INMACULADO CORAZÓN DE MARÍA

Oh Madre purísima,
venimos a ti como familia
y nos consagrarnos a tu Inmaculado Corazón.
Venimos a ti como familia
y ponemos nuestra confianza en tu poderosa intercesión.

Oh amadísima Madre María,
enséñanos como una madre enseña a sus hijos,
pues nuestras almas están manchadas
y nuestras oraciones son débiles
debido al pecado en nuestros corazones.
Aquí estamos, queridísima Madre,
dispuestos a responderte y seguir por tu camino,
pues éste nos lleva al corazón de tu Hijo, Jesús.
Estamos dispuestos a ser purificados.

Ven, Virgen Purísima,
y cúbrenos con tu manto materno.
Que nuestros corazones,
sean más blancos que la nieve
y tan puros como un manantial de agua fresca.

Enséñanos a orar,
para que nuestras oraciones sean más hermosas
que el canto de los pájaros al amanecer.

Querida Madre María,
le confiamos a tu Inmaculado Corazón de Corazones
nuestra familia y nuestro futuro.
Guíanos a todos a nuestra patria celestial. Amén.
Inmaculado Corazón de María, ora por nosotros.

(De origen desconocido)

La vida siempre nos traerá contrariedades. Dios nos permite atravesar por sufrimientos y obstáculos, incluyendo nuestras propias debilidades, pues nuestro cometido es perseverar en la fe y presentárselo todo al Señor en oración. La fe es importante; Jesucristo es la fe. La oración es el alma de la fe; el amor es el corazón de la fe. Por el poder del Espíritu Santo recibimos los tres dones para perseverar en nuestros encuentros con Dios: la fe, el amor y la oración.

Salvador Sánchez, M., M.Sp.S., en su libro, *Cruz de Cristo, Cruz del Cristiano*, escribe sobre la oración, basado en las meditaciones de Conchita.

«En la Espiritualidad de la Cruz la oración es un elemento imprescindible, no hay vida espiritual sin oración, como no existe vida natural sin atmósfera que respirar, la oración es la respiración del alma (...) Espiritualmente andamos en búsqueda de Dios como consecuencia de un vacío que sentimos en nuestra vida, como efecto de una desilusión que nos causan las criaturas que no pueden llenarnos: (...)

»Cuando hay perseverancia en esa búsqueda se realiza el encuentro y ..., ¡feliz momento de nuestro encuentro con Dios!

»Pues bien, la oración es esa renovación amorosa entre Dios, que es Amor, y la criatura que lo busca por la fe porque lo ama, que anhela encontrarlo, y cuando lo consigue entra en ese diálogo íntimo con El estableciéndose así una mutua e inefable corriente de amor.

91

»*Jesús le dice en una ocasión a Conchita: "La oración es el fin de toda criatura...la oración es la unión anticipada del alma con Dios. El cielo y el preludio de mi posesión. La oración es la escala misteriosa que conduce al alma a esta mansión de inefables delicias. La oración es el grito del alma que Dios siempre atiende complacido".*

»*"Es la oración una comunicación de Dios con la criatura y de la criatura con Dios... la oración es el centro indispensable en donde Dios se junta con el alma pura. La oración encierra en su seno purísimo las celestiales confidencias de los divinos amores".*

»*(...) la oración es un diálogo de amor o que el amor es la vida de toda oración (...) Jesús mismo ha dicho sobre el amor de Dios: "El Amor de Dios es vivo, activo, comunicativo, unitivo y hace el alma arder con el celo de mi gloria ...El amor de Dios es el soplo vivificante del Espíritu Santo; es el rocío celestial que fecunda el campo de todas las virtudes es el descanso del alma crucificada".*

Otras palabras de sabiduría del libro *Yo Soy*, sobre cómo acercarse a Dios en la oración:

(Jesús habla...)

«*Ven a Mí con humildad y confianza, con ardiente amor. Y después, contémplame, calla, goza y admira, abismándote en lo profundo de Mí mismo y de tu nada».*

CAPÍTULO 15

VIVIENDO LA PASIÓN

«Amados hermanos...
les ruego que se abstengan de los deseos malos
que hacen la guerra al alma».

1 P 2:11

Un hombre, herido gravemente por un sufrimiento interior enorme, vino a verme: me dijo que le era imposible orar. Se veía encorvado, desalentado y miserable. Me participó que años atrás, había sido negativamente afectado por la actitud y las palabras duras de un sacerdote. Como resultado de ese incidente, le había perdido todo el respeto a los sacerdotes, a la Iglesia y a sus semejantes. Dejó la Iglesia y decía que ya no creía en Dios.

Desafortunadamente, esto puede suceder. A veces, no sabemos amar como sacerdotes que somos. Antes de aconsejarlo, invoqué al Espíritu Santo. Le indiqué que no se deben de tomar para sí mismo, las actitudes negativas o las faltas de otros. Tampoco podemos hacer la voluntad de Dios si no amamos de la misma manera que Dios nos ama. Dios nos quiere a *todos* salvos, tanto a los justos como a los pecadores. Ni el pecado ni las faltas de otros afectan el don de amor que Dios comparte con nosotros. Somos llamados a amar, por encima de todo. Somos llamados a abrazar la Pasión de Nuestro Señor. Su Pasión es la nuestra. Debemos de tomar nuestras dolencias y compartirlas con la Pasión del Señor en la cruz. Somos llamados a orar, como Jesús oró, por los que nos hacen daño. Somos llamados a pedir, como Jesús pidió, que los sufrimientos que soportamos sirvan para salvar almas, las mismas que nos hicieron daño. Al ofrecer nuestras penas, podemos contribuir a la obra de salvación de Jesús, Nuestro Señor.

Por la gracia del Espíritu Santo, este buen hombre entendió. Él llegó a comprender que podía ofrecer sus sufrimientos por la salvación de aquél que lo hirió y por toda la humanidad. Cuando se despidió, era otra persona. Se sentía fortalecido, por el amor sin límites de Dios, para cambiar una cruz, hasta ahora insoportable, en un obsequio que podía ofrecer por la salvación de las almas. Me participó que le había pedido ayuda a Dios. Él se la dio. Dios le sanó su corazón herido.

«En los sufrimientos que Jesús nos envía, parece como que por medio de ellos nos manda también el cáliz en el que debemos vaciar el fruto de dichos sufrimientos y éstos, llevados con amor y resignación, se convertirán en un dulcísimo néctar para Jesús. Así que en cada pena diremos: Jesús me llama a ser ángel pues quiere que lo conforte y por eso me participa sus penas».

(Luisa Piccarreta,
Las Horas de la Pasión de Nuestro Señor Jesucristo)

La vida de un cristiano es una de combate y de guerra. El sacramento del Bautismo borra el pecado original, pero no elimina el sufrimiento. Somos tentados veinticuatro horas al día. Nuestra reacción a la tentación nos sirve como medida de evaluación. Enseguida sabemos si nuestra fe es fuerte o débil. Si es débil, tenemos que aplicarnos. Para combatir la tentación, debemos de revestirnos con la actitud de Cristo. Si no lo hacemos así, nunca caminaremos en la santidad. Necesitamos ser fieles y seguirlo en Su espíritu.

«Él siendo de condición divina, no reivindicó, en los hechos, la igualdad con Dios, sino que se despojó». (Fil 2:6)

Jesús era el Mismo Dios, sin embargo Él nació en un establo. Tomó nuestra humanidad, despojándose de Su divinidad, para ser como nosotros. El Señor sufrió, pasó hambre y sed y fue tentado, al igual que nosotros. Lo soportó todo por amor, amor a Su Padre y amor a nosotros.

«Más aún, al verlo, se comprobó que era hombre. Se humilló y se hizo obediente hasta la muerte, y muerte en una cruz». (Fil 2:7-8)

Lo que el Señor quiere de nosotros se puede comparar a lo que un maestro espera de su alumno, después de haberle explicado la lección. El maestro da un examen y espera que el alumno responda de acuerdo a lo que le enseñó. Lo mismo sucede con Cristo. Él nos dio Su Pasión, Sus virtudes y nos reveló la vida de Dios. Ahora, Él espera que le correspondamos a Su imagen, transformados en Él. En eso consiste nuestro examen. Jesús es el maestro, el gran maestro que instruyó a sus discípulos, pero sin embargo, en la Pasión de Cristo, ellos fallaron. Más adelante, por el poder del Espíritu Santo que descendió sobre ellos en Pentecostés, pudieron llegar a comprender las enseñanzas y la vida de Cristo.

«Santiago y Juan, hijos de Zebedeo, se acercaron a Jesús y le dijeron: "Maestro, queremos que nos concedas lo que te vamos a pedir". Él les dijo: "¿Qué quieren de mí?". Ellos respondieron: "Concédenos que nos sentemos uno a tu derecha y el otro a tu izquierda cuando estés en tu gloria". Jesús les dijo: "No saben lo que piden. ¿Pueden beber la copa que estoy bebiendo o bautizarse como estoy bautizado?". Ellos contestaron: "Sí, podemos". Jesús les dijo: "Pues bien, la copa que bebo, también la beberán ustedes, y serán bautizados con el mismo bautismo que estoy recibiendo; pero no depende de mí que se sienten a mi derecha o a mi izquierda. Esto ha sido reservado para otros"». (Mar 10:35-40)

Al final, los apóstoles triunfaron en hacer la Voluntad de Dios, que no es otra que la transformación en Cristo. Se dieron cuenta que Jesús es el Señor. Comenzaron a vivir en el espíritu de Cristo. Comenzaron a amar y fueron transformados en otros Cristos y vivieron el misterio de la Pasión de Cristo. Pasaron el examen. Este fue el comienzo de la Iglesia, el nuevo pueblo de Dios. Somos llamados a hacer lo mismo. Por el poder del Espíritu Santo, el Padre nos brinda tanta ayuda, para que podamos vivir como Cristo.

Jesús siempre estaba en oración, porque Él amaba al Padre y al Espíritu Santo, Todos en Uno, en el amor que Dios es. Jesús nos amó tanto, que dio su vida por nosotros. Su amor era como una cruz, en línea vertical hacia Su Padre y horizontal extendiéndose hasta cada uno de nosotros. Nuestro amor debería de ser igual; extenderse hacia arriba hasta Dios y extenderse de igual manera hacia los lados, para abarcar a nuestros semejantes. Si no sentimos esa clase de amor, nuestra oración se vuelve egoísta en vez de desinteresada. Debemos de abrirnos entre nosotros.

Por nuestro Bautismo fuimos consagrados en la vida de Cristo. Nos revestimos en Cristo: en Su vida y Pasión, en Su muerte y resurrección. La vida de un cristiano es la vida de Cristo. Para combatir el pecado, el mal y la muerte, debemos de perseverar en la Voluntad de Dios. La Voluntad de Dios nos llega por la fe en Jesucristo. Si Dios nos permite llevar nuestra cruz, debemos de hacerlo fielmente, con la actitud de Jesús. Puede parecer difícil de concebir, pero debemos siempre pedirle al Señor que nos de el don de Su Pasión. San Padre Pío recibió el don de la Pasión, no para ser popular, sino para la salvación de las almas. Nuestra naturaleza humana tiende a adorar los ídolos interiores. Tenemos que escoger entre vivir en el espíritu de Cristo, o vivir en el espíritu de las pasiones: la ira, el odio, la envidia, la avaricia, la impureza, la gula, la pereza, el orgullo. Caminando en Jesucristo es la única forma de vencer las pasiones. Él es el modelo, el centro de toda santidad. Cuando nos revestimos en Cristo, en vez de los celos, se escoge el amor; en vez de la desesperación, se escoge la esperanza; en vez de la oscuridad, se escoge la luz. Mientras meditamos en la belleza de la vida de Cristo, encontraremos los ejemplos que necesitamos para saber escoger la Vida Divina, por encima de nuestras pasiones desordenadas.

Consideremos que cada vez que recibimos la Eucaristía, renovamos nuestra consagración y adquirimos más fuerza para revestirnos de Cristo, Su Pasión y resurrección, Su cruz. En nuestro agradecimiento al Padre, podemos darle las gracias por el ejemplo de Jesús y pedirle la gracia para comprender Su vida y seguirlo. La Cuaresma es un tiempo muy propicio para relacionarnos con la Pasión de Cristo. Pasamos cuarenta días sumergidos en la Pasión con Cristo y al final, surgimos a una nueva vida. Adquirimos conocimiento propio mientras luchamos para deshacernos de toda fealdad y poder celebrar el Domingo de Pascua y renovar nuestra Consagración Bautismal. (El sacramento del Bautismo es un sacramento que vivimos durante nuestra vida aquí en la tierra.) Cuando oramos para obtener las virtudes, oramos en la Pasión de Cristo. Una parte de vivir a Cristo, es vivir Su Pasión. Al meditar en la Pasión, notamos que el Señor se entregó completamente. Él cargó con toda la fealdad de la humanidad, lo hizo exterior e interiormente, pues era la Voluntad del Padre, para salvar a la humanidad y retornársela a Él, por mediación de Cristo. Todos somos llamados a la santidad. La Iglesia Católica es muy rica en gracias que están disponibles para auxiliarnos a ser santos.

Cristo murió en la cruz por nosotros y nos mostró el camino a seguirlo. Siempre recordemos que Dios nos ama. El Padre nos reveló Su corazón por mediación de Su Hijo:

«Yo soy el camino, la verdad y la vida. Nadie viene al Padre sino por mí». (Jn 14:6)

Otros ejemplos de la invitación de Dios, del libro *Yo Soy*:

(Jesús habla…)

«¡Cuántos pasos dieron estos pies por encontrarte y cuántas bendiciones has recibido de mis manos que sólo se han ocupado en derramar sobre ti beneficios! No ya con diluvios de fuego (Heb 12:18), sino con halagos de paz y de amor quise conquistar tu corazón para darle vida, no matando, sino muriendo, no derramando tu sangre, sino la mía en la cruz y en los altares. El fuego que hoy consume mi Corazón no es el

de la venganza, sino el de una caridad infinita, y más puedo Yo perdonarte que tú pecar. "Acércate a Jesús Mediador de la nueva alianza que te purifica con su Sangre". (Heb 12:24)

»Ya me conoces, ya has contemplado mis manos y mis pies. ¿No sientes, no ves, que Yo soy el que te llama para calmar los infinitos anhelos de tu corazón? Yo te amé y me entregué por ti a toda clase de dolores y tormentos; pero mírame, que, triunfante y victorioso de la muerte, vengo también a ti, para que estudiándome sepas quien soy y conociéndome ames a tu Jesús».

CAPÍTULO 16

LA PAZ INTERIOR POR MEDIACIÓN DEL AMOR

«Les dejo la paz, les doy mi paz».

Jn 14:27

Una señora piadosa que venía a mí para dirección espiritual, me participó que se impacientaba con su madre, una señora ya mayor. A ella le pesaba profundamente, pero se sentía incapaz de cambiar. Invoqué al Espíritu Santo, pidiéndole su guía, y le respondí a la señora que su impaciencia no era la raíz del problema. Existía una actitud que le creaba esa impaciencia, y era menester que llegara al fondo de su corazón por medio de la oración. Lo que necesitaba encontrar era amor.

Hay veces que quisiéramos crecer en las virtudes, en la santidad, pero nos encontramos imposibilitados. Esto se debe a que algo que es necesario, nos falta o algo que es perjudicial, existe o ambos. Cuando nos damos cuenta que no podemos vivir cierta virtud, casi siempre se debe a la carencia de la semilla que le da vida a esa virtud y a todas las bellas virtudes que Dios desea que tengamos: la semilla del amor. No existe la paz interior si no hay amor. La paz exterior a penas dura un rato. La paz interior que Nuestro Señor nos da, es la unión con el misterio de Dios que únicamente se hace presente por mediación del poder de la vida de

Dios. A esta paz la acompaña el don del Amor Divino. El amor es la semilla de la paz, así como el amor es la semilla de la humildad y de todas las virtudes.

Para caminar en la santidad, desarrollar y vivir una vida espiritual, debemos de indagar en el fondo de nuestra alma y enterarnos de quién y qué somos. Lo lograremos hacer cuando oremos con el corazón, desde lo más profundo de nuestro ser, no con la mente y los labios. Llegaremos a descubrir que el amor está enterrado bajo los escombros de heridas que no han sanado, de la falta de perdón y de pecados que no han sido confesados. Por mediación del sacramento de la Reconciliación y de nuestros esfuerzos para imitar el don del perdón gratuito y total de Jesús desde la Cruz, podemos comenzar el proceso de desenterrar y nutrir el amor que existe en nuestros corazones. Cuando en el Bautismo nos revestimos en Cristo, al mismo tiempo lo hacemos con las virtudes y los frutos de Su Espíritu, incluyendo el perdón. El amor es la semilla y el centro de todo.

Durante toda Su vida terrenal, Jesús vivió cada momento en la Divina Voluntad del Padre. Al igual que Jesús, somos llamados a vivir en la Vida Divina. Estamos en el proceso de vivir la Vida Divina, en unión al Padre, al Hijo y al Espíritu Santo, en la paz y el amor de Dios. Dios nos dio la Palabra. Y la Palabra se hizo carne. Y la Palabra *es* el amor del Padre. Dios se reveló como el amor, en la persona de Su Hijo, el día de la Navidad. Cuando comenzamos a abrirnos a la Palabra y al cambio, nos abrimos al amor, porque Dios es amor.

Donde hay amor, hay vida. La vida se edifica sobre el amor, porque el Creador de la vida es amor. La vida sin amor, es vida sin el espíritu del Dios Creador, que es vida, y es amor. El que permanece en amor, vive en unión con la Divina Vida de su Creador.

«Mi Padre encuentra su gloria en esto: que ustedes produzcan mucho fruto, llegando a ser con esto mis auténticos discípulos. Yo los he amado a ustedes como el Padre me ama a mí: permanezcan en mi amor. Si guardan mis mandatos, permanecerán en mi amor, así como

yo permanezco en el amor del Padre, guardando
sus mandatos. Yo les he dicho todas estas cosas
para que en ustedes esté mi alegría, y la alegría
de ustedes sea perfecta. Mi mandamiento es este:
Ámense unos con otros como yo los he amado».
(Jn 15:8-13)

Cuando Jesús nació en un establo de Belén, la paz rebozó en todos. Esa paz brotó de la semilla del amor. Cuando Jesús se dedicó a hacer presente el reino de Dios, usando los dones que le fueron otorgados en Su Bautismo en el Espíritu, en el Río Jordán –dones para hacer milagros, sanaciones, liberaciones, exorcismos, perdonar los pecados, resucitar a los muertos – eso era amor. En todas Sus palabras y obras, Jesús entregó amor y paz. El amor sigue siendo hoy la semilla de la paz.

Al igual que Nuestro Señor recibió, en Su Bautismo, dones para servir al Padre, nosotros también los hemos recibido. Por nuestra Consagración Bautismal, somos llamados a rendirle al Señor por todo lo que Él nos ha dado. Esto lo hacemos al servirnos unos a los otros con los dones del Espíritu Santo recibidos en nuestra Confirmación – sabiduría, conocimiento, consejo, fortaleza, inteligencia, piedad y temor de Dios. Estos dones son renovados cuando recibimos la gracia de los sacramentos. Son el regalo del Padre para auxiliarnos a vivir buenas vidas. No son dones de este mundo, sino dones espirituales, que El Padre nos da por el poder del Espíritu Santo, para Él poder hacer en nosotros lo que hizo en Cristo.

«A imitación del Hijo del Hombre, que no vino
para que lo sirvieran, sino para servir y dar
su vida como rescate de una muchedumbre».
(Mt 20:28)

Cuando se examinan las vidas de personas santas, como parte del proceso para su canonización, los investigadores no averiguan cuántas personas sanaron. Se fijan en cómo vivieron las virtudes, cómo vivieron en la vida de Cristo, amando y sirviendo como lo hizo Jesús. Somos llamados a amarnos los unos a los otros, como amamos a Dios y como Él nos ama. Si nos falta amor, solamente necesitamos mirar un crucifijo o meditar por unos minutos en la Pasión de Cristo. Jesús consintió por su propia voluntad, sufrir y morir la más cruel de las muertes, por amor a nosotros. Jesús antepuso la Voluntad de Su Padre y nuestra salvación, sin preocuparse de sí mismo. Al pensar en esto, nuestro amor no puede sino aumentar y nos impulsa a entregarle en reciprocidad, nuestro propio obsequio, el amor sacrificado.

«Estoy crucificado con Cristo, y ahora no vivo yo, sino que Cristo vive en mí. Todo lo que vivo en lo humano se hace vida mía por la fe en el Hijo de Dios, que me amó y se entregó por mí». (Gál 2:20)

Al moldear nuestras vidas semejantes a la vida de Jesús, seremos bendecidos con el Amor Divino y la paz que sobrepasa todo entendimiento. Entonces, por la gracia de Dios, Su Amor y su paz brotarán de nosotros, como un río de sanación, para los demás. El libro de Conchita, *Yo Soy*, contiene tesoros sobre el don de Dios de la paz por mediación del amor.

(Jesús habla…)

«(…) Mírame y con fe descubre cómo Yo soy el Salvador, que viene a traerte su paz, la paz de los hijos de Dios, que no es la del mundo, sino la que consiste en el vencimiento de las pasiones; porque mi paz es la victoria alcanzada por la caridad en la cruz».

«Esa paz es el fruto del Espíritu Santo que yo comunico a quienes me aman; es tesoro inapreciable, don de Dios, rocío celestial derramado en los corazones puros. Soy el Dios de paz, abre tu ser y no temas.

»(…) Yo sé recompensar el menor acto de amor; te doy mi paz, y estoy pronto a llevarla al fondo de tu corazón.

»Recuerda que si hay pureza de corazón, hay paz; que sin caridad hacia el prójimo la paz no puede existir, y que sin mortificación propia será pasajera y falsa. Practica, pues, estas virtudes; arráigalas en ti y la paz será contigo y hallarás tu alegría en la plenitud del gozo espiritual».

CAPÍTULO 17

LA SANTIDAD POR MEDIACIÓN DE NUESTRA VOCACIÓN

«Yo soy la vid y ustedes las ramas.
Si alguien permanece en mí, y yo en él,
produce mucho fruto,
pero sin mí no pueden hacer nada».
Jn 15:5

Una señora vino a verme para dirección espiritual. Estaba muy angustiada, debido a que había contraído matrimonio fuera de la Iglesia, con un hombre divorciado, el cual se negaba a pedir la anulación. Ella seguía recibiendo la Santa Comunión, a pesar de ir contra las reglas de la Iglesia. Le aconsejé que se acercara a la Virgen María en oración y solamente recibiera la Santa Comunión espiritualmente, hasta que su matrimonio pudiera ser bendecido por la Iglesia. De esta manera ella podía seguir viviendo su compromiso bautismal. Le aseguré que Dios le recompensaría su obediencia y que la Virgen atendería sus ruegos. Dios es tan bueno. La próxima vez que nos vimos, me participó que había escuchado mi consejo y al cabo de dos semanas de seguirlo, su esposo le dijo que estaba de acuerdo en procurar la anulación. Esta les fue otorgada, su matrimonio fue bendecido por la Iglesia y felizmente siguieron gozando de una vida matrimonial bendecida.

Es tan importante caminar en la santidad, no importa cual sea nuestra vocación – vida de casados, solteros o religiosos. Muy a menudo, es nuestra vocación en la que El Padre se fija para ver cómo cumplimos nuestra consagración Bautismal, al igual que cualquier otro voto o promesa hecha ante Él. Todo lo que hagamos en nuestra vocación, ya sea la de casados, solteros o religiosos, está conectado a nuestro Bautismo. No siempre se vive esa consagración, debido a que no conocemos o no apreciamos lo recibido. El Bautismo nos conduce a los otros sacramentos y a la santidad. En el sacramento del Matrimonio, entre la mujer y el hombre bautizados, Cristo se convierte en el centro de ese matrimonio. Cuando los dos pasan a ser uno, esa unidad refleja la unión entre Cristo y su Iglesia y la unión de las tres personas en la Santísima Trinidad.

> *«Toda la vida cristiana está marcada por el amor esponsal de Cristo y de la Iglesia. Ya el Bautismo, entrada en el Pueblo de Dios, es un misterio nupcial. Es, por así decirlo, como el baño de bodas, que precede al banquete de bodas, la Eucaristía. El Matrimonio cristiano viene a ser por su parte signo eficaz, sacramento de la alianza de Cristo y de la Iglesia».* (CIC 1617)

En los muchos años que llevo de director espiritual, he visto que los esposos se distancian. Los mismos que deberían de ser apoyo uno del otro, simplemente co-existen. Como humanos, todos somos afligidos con debilidades y tendencias a pecar. Los celos, la envidia, la impureza, la lujuria, la gula, el egoísmo y el orgullo, para mencionar algunos, sirven de impedimentos para la felicidad interior, al igual que la felicidad en el matrimonio o en cualquier otra vocación. El Catecismo nos dice:

> *«Todo hombre, tanto en su entorno como en su propio corazón, vive la experiencia del mal. Esta experiencia se hace sentir también en las relaciones, entre el hombre y la mujer. En todo tiempo, la unión del hombre y la mujer vive amenazada por la discordia, el espíritu de*

dominio, la infidelidad, los celos y conflictos que pueden conducir hasta el odio y la ruptura. (CIC 1606)

»Según la fe, este desorden que constatamos dolorosamente, no se origina en la naturaleza del hombre y de la mujer, ni es la naturaleza de sus relaciones, sino en el pecado. El primer pecado, ruptura con Dios, tiene como consecuencia primera la ruptura de la comunión original entre el hombre y la mujer. (CIC 1607)

»Sin embargo, el orden de la Creación subsiste aunque gravemente perturbado. Para sanar las heridas del pecado, el hombre y la mujer necesitan la ayuda de la gracia que Dios, en su misericordia infinita, jamás les ha negado. Sin esta ayuda, el hombre y la mujer no pueden llegar a realizar la unión de sus vidas en orden a la cual Dios los creó al comienzo». (CIC 1608)

La reconciliación sí es posible, aunque toma un esfuerzo personal y la ayuda de Dios. Es de suma importancia acudir a menudo al sacramento de la Reconciliación, ya que éste restaura nuestra alma al estado de pureza adquirido en la consagración Bautismal. Éste es un sacramento de sanación, pues libera el alma del pecado y a la vez es un sacramento de perdón y contrición. Debemos de recordar y creer firmemente que cuando nuestros pecados son perdonados por el ministerio del sacerdote, son perdonados por el mismo Señor. Después de nuestra confesión, debemos de reflexionar, por el poder del Espíritu Santo, en nuestras debilidades y pecados. Con este conocimiento propio, podemos presentarnos ante el Señor en oración y pedirle la gracia para hacer el esfuerzo de combatir esas debilidades, viviendo la virtud que se necesita para vencer nuestro pecado.

Por ejemplo, si el problema es el orgullo, después de la Reconciliación podemos acercarnos al Señor en oración y de nuevo expresarle nuestra pena por esta falta y pedirle a Jesús que nos de la gracia para fielmente poner en práctica la virtud de la humildad, que es precisamente lo opuesto al orgullo. Mientras en oración conversamos con Jesús, dedicamos unos minutos a meditar los ejemplos de humildad que Él nos dio durante Su vida. Fue por humildad, que Él, Dios, se hizo hombre. Fue por humildad que Él nació en un pesebre, trabajó de carpintero, murió en la cruz –el que nunca pecó, redimió a todos los pecadores de todos los tiempos. Podemos meditar en las veces en que el Padre expresó su complacencia en Su Hijo, tal como en su Bautismo y la transfiguración; y como el Padre recompensó la humildad y obediencia de Jesús, con nuestra salvación. Podemos dar por seguro que el Padre nos recompensará también por imitar a Su Hijo en la hermosa virtud de la humildad. Le pedimos al Señor que nos ayude a seguir Su ejemplo con más fidelidad, para poder ser transformados más y más en la vida de Cristo. Le pedimos al Espíritu Santo que nos de la gracia para, durante todo el día, poner en práctica la humildad. Entretanto procedemos con nuestra rutina diaria, hacemos un aparte para renovar nuestra resolución de poner en práctica la virtud de la humildad. Por último, al final del día, cuando hacemos el examen de conciencia en la noche, pasamos revista del día, evaluamos cómo practicamos la virtud y determinamos esmerarnos más al siguiente día.

Al corregir nuestras faltas en esta forma, estamos constantemente amoldando nuestra vida a la de Cristo. Con esfuerzo, vigilancia y la gracia de Dios, las virtudes que buscamos alcanzar, reemplazarán nuestras faltas. De eso se trata la conversión. La conversión es fuente de alegrías. Es interesante, cómo al procurar vivir mejor nuestra vocación, a menudo es más productivo fijar el ojo crítico en nosotros mismos, con el propósito de auto-mejorarnos; mientras le echamos apenas un vistazo al esposo o esposa, o al vecino, y aún así, hacerlo con la mirada del amor incondicional. Esto nos recuerda la sabiduría del Señor.

> «Sácate primero la viga que tienes en el ojo y así verás mejor para sacar la pelusa del ojo de tu hermano». (Mat 7:5)

En todas las vocaciones crecemos en la santidad, de la misma manera que crecemos en la vida espiritual, comenzando con nosotros mismos, haciendo reformas personales. Para crecer en la santidad, debemos de aprender a vivir las virtudes y los frutos del Espíritu Santo. Mientras más crecemos en santidad, más bendecidos y fructíferos seremos en nuestra vocación. Un matrimonio descuidado, es decir desnutrido, se marchita y muere. Bien alimentado, fortificado, da mucho fruto. Sucede lo mismo con la vida religiosa o la de soltero. Si le pedimos al Señor con fe que nos ayude a crecer en nuestra vocación, Él lo hará. Una vez más, en el libro de Conchita, *Yo Soy*, encontramos palabras que nos animan a esforzarnos para crecer en la santidad:

(Jesús habla…)

«¿Qué harías si en estos momentos te preguntara qué has hecho de tu vida? Ven a divinizarte con mi contacto, a dejar tus vicios y a encauzar tus tendencias, y desde ahí sube hasta Mí para que seas, a mi imagen, plenamente humano y plenamente divino. Ven».

«Te creó el amor, eres el objeto de mi ternura, eres lo que vine a buscar a la tierra y que persigo con toda la fuerza de mi caridad en la Eucaristía».

«¿Me escuchas tú, a quien tanto amo? ¿Qué deseas que no puedas encontrar en Mí? Ven, y dime que quieres sanar, para darte la salud; que te arrepientes de tus pecados, para perdonártelos; que me amas, ¡sí!, que me amas, y esto basta para ir a ti, enjugar tus lágrimas, y unir todo tu ser a Mí».

LA CRUZ DEL AMOR

«El mensaje de la cruz
no deja de ser locura para los que se pierden.
En cambio, para los que somos salvados
es poder de Dios».
1 Cor 1:18

Hace mucho tiempo, un joven que cargaba con el pecado de la homosexualidad, vino a verme. Él le pidió al Señor que lo liberara de este obstáculo y al hacerlo fue muy sincero. Por el poder de la Preciosa Sangre de Cristo, fue liberado de este pecado que llevaba por tanto tiempo. Quedó completamente liberado y ahora vive una vida normal. El poder de la transformación brota de la cruz, por el pecado que se afronta, se renuncia y se le lleva a Cristo en la cruz. Por la cruz, Cristo nos capacita para vivir lo que profesamos en nuestro Bautismo –seguir y vivir a Cristo. Seguir a Cristo es seguirlo en Su Pasión, pero antes debemos limpiar nuestras almas de pecados. Con pecados en nuestras almas, no se puede seguir al Señor, ni siquiera cargar la cruz. No pudiéramos perseverar.

Es por el poder de la Preciosa Sangre que nos redimió, que somos capacitados para cargar nuestra cruz y seguir a Cristo. Con la excepción, de Juan, hasta los apóstoles, incluyendo a Pedro, necesitaron ser perdonados por el Señor, antes de poder cargar sus propias cruces. Una vez perdonados, ellos también pudieron con gozo, vivir la Pasión.

«Él mismo, subiendo a la cruz, cargó con nuestros pecados para que, muertos a nuestros pecados, empecemos una vida santa. Y "por sus llagas fueron ustedes sanados"». (1 P 2:24)

Siendo todavía pecadores, Cristo cargó con nuestros pecados y murió por todos nosotros. Él nos reconcilió con Su Padre, sin tenernos en cuenta nuestros pecados. Por su obediencia, Él venció el pecado y la muerte, fue resucitado por Su Padre y nombrado Señor sobre toda la creación de Dios. Su muerte nos sustrajo de estar bajo «la ley» y nos puso bajo la ley del amor.

Una vez, en la homilía, el Papa Benedicto XVI dijo que una indicación del gran poder del amor sin límites de Dios, la cruz, se hace más evidente cuando aparentemente no se ve nada más que fracaso, pena y derrota. El exclamó que la cruz es *la* expresión de amor del Padre y que aceptar la cruz de Cristo nos lleva a una experiencia única de amor a Dios. Nuestro agradecimiento es interminable. San Pablo vivió el ministerio de la cruz, sufriendo persecuciones, encarcelamiento y hasta martirio. En su debilidad, él encontró la fuerza.

«... pero (el Señor) *me respondió: "Te basta mi gracia; mi mayor fuerza se manifiesta en la debilidad"».* (2 Cor 12:9)

Nosotros también encontraremos fortaleza y sabiduría en la humildad y la debilidad que sentimos al cargar nuestra propia cruz de amor, mientras nos rendimos por completo, al igual que Jesús lo hizo, ante el gran poder y la Voluntad de Dios. Todos sabemos que la sabiduría de este mundo no es la sabiduría de Dios. Esta significa vivir aparte de Dios, con opiniones e ideologías en contra de Dios. Como San Pablo, necesitamos ponernos la mente de Cristo, que es quien nos abre los ojos del corazón para seguir la verdad y el amor. Para poder comprender las verdades espirituales, necesitamos el conocimiento de Dios en Su Palabra.

«Nosotros proclamamos un Mesías crucificado...
Él, sin embargo es Cristo, fuerza de Dios y sabiduría
de Dios para aquellos que Dios ha llamado. En
efecto, 'la locura' de Dios es más sabia que la
sabiduría de los hombres; y la debilidad de Dios es
mucho más fuerte que la fuerza de los hombres».
(1 Cor 1:23-25)

Algunos buscamos entablar con Dios una relación íntima, de corazón, pero de alguna manera nos sentimos desconectados. Tal parece como que la puerta a la vida interior se encuentra cerrada. La ironía de esto es que nosotros mismos somos los responsables por haber cerrado la puerta, quizás por las frivolidades mundanas u otras infidelidades al Señor por pecados no confesados o falta de arrepentimiento por ellos. Si la puerta nos parece estar cerrada, debemos pedirle al Espíritu Santo que nos ilumine para saber cómo la hemos cerrado. La reconciliación, con un verdadero arrepentimiento, es la llave que abre la puerta a la vida interior, una vida de santidad y paz.

Los santos son nuestros modelos y ejemplos. Ellos alcanzaron la santidad superando sus propias faltas y defectos, y aceptando las dificultades y pruebas. Ellos se sacrificaron para después participar en la gloria de la resurrección. Los santos amaban sin reserva a Cristo. Su amor se expresaba en su entrega total a Dios y al prójimo. La cruz los purificó y liberó de dejarse llevar por su propia voluntad humana, y en vez, los llevó hacía la Voluntad de Dios. No cabe duda que todos buscamos, como los santos, llegar al mismo destino, el cielo. Jesús nos enseñó el camino. Es por medio de las Bienaventuranzas que debemos seguir el camino, a pesar de nuestras limitaciones humanas. Las Bienaventuranzas son la Carta Magna de nuestra transformación. ¿Cuántas veces somos pobres de espíritu, sufrimos por los pecados, somos mansos, tenemos hambre y sed de justicia, somos misericordiosos, puros de corazón, pacificadores, perseguidos por causa del bien?

«Los santos lograron 'el sello de Jesús', lograron
este objetivo pasando a través de dificultades y
pruebas (Ap 7:14), cada cual cargando sus propios
sacrificios para poder participar en la gloria de

la Resurrección (...) como el amor por Cristo sin reserva, amor que se expresa en la entrega total a Dios y a los hermanos.

»A este destino espiritual, procurado por todos los bautizados, se llega siguiendo el camino de las "Beatitudes" del evangelio (Mt 5:1-20). Es el mismo camino indicado por Jesús que los santos han procurado seguir, al mismo tiempo teniendo en cuenta sus limitaciones humanas. En sus vidas terrenales, es un hecho que eran pobres de espíritu, sufrían por los pecados, eran mansos, tenían hambre y sed de justicia, eran misericordiosos, puros de corazón, pacificadores y perseguidos por causa del bien.

»Dios les permitió participar en Su propia felicidad: ya la habían saboreado en este mundo y la disfrutan a plenitud en el otro. Ahora son consolados, herederos de la tierra, satisfechos, perdonados, ven a Dios, son Sus hijos. En una palabra, "el Reino de Dios es de ellos."»

(Discurso del Santo Padre Benedicto XVI a los profesores y alumnos de las universidades eclesiásticas de Roma. Basílica de San Pedro)

Al mirar lo que nos rodea, podemos apreciar el gran número de personas que han cortado con la tradición moral. Se preguntan o niegan la diferencia entre el bien y el mal y la habilidad de saber con certeza lo que está correcto o incorrecto. Es de suma importancia que nosotros, como creyentes que conocemos la verdad, demos testimonio de nuestra fe y convicciones morales, mediante nuestras palabras y acciones. Puede que seamos confrontados, odiados, despreciados y hasta martirizados, por la belleza de nuestra alma. El maligno odia la belleza, odia la verdad. Si ante el mal nos damos por vencidos, no estamos retando al mal en el mundo; no estamos proporcionándole vida al mundo. Debemos acordarnos siempre, que el maligno nos tienta en la carne. Cuando él tiene el control de nuestra carne, sigue a controlar toda la persona y comienza la destrucción del templo del Espíritu Santo, que es nuestro ser. Muchos fallamos en reconocer o comprender la guerra que nos rodea.

Hasta que no nos transformemos en Cristo, estaremos andando encorvados, mirando hacia abajo, a la tierra, en vez de mirar hacia arriba, al Padre y Su belleza. Muy a menudo nos hace falta cambiar. Una forma comprobada por los santos para obtener el cambio interior, es la penitencia. Cuando se piensa en la penitencia, algunos la relacionan a un niño que renuncia a comer caramelos por motivo de la Cuaresma. Somos llamados a ayunar, no ayuno de caramelos, sino dejar de hacer lo que nos impide o dificulta seguir a Cristo. Debemos de pedirle al Espíritu Santo que nos de la gracia para hacer ese esfuerzo. A veces ya la gracia ha sido dotada, pero esperamos que el sacrificio se lleve a cabo sin esfuerzo nuestro para cooperar con esa gracia. El sacrificio de nuestra propia voluntad para llevar nuestra cruz, nos lleva a la santidad.

Hay personas que creen que la penitencia se hace por solo el hecho de hacerla. No, la penitencia se hace para que se produzca un cambio. Cambiar cuesta sacrificio, disciplina y esfuerzo. Si no usamos la penitencia como una manera de producir un cambio, de recibir gracias, no hacemos un esfuerzo y sin el esfuerzo, no podemos cambiar. No podemos hacer penitencia si no hay disciplina. Se necesita la disciplina de un discípulo - un amado amigo de Jesús, con el cual Jesús comparte Sus secretos, por quien Él murió en la cruz. El amor, la amistad y la obediencia expresan la comunión entre Jesús y los Suyos. La penitencia puede ser externa, pero siempre debe de ser interna también, para ayudarnos a ser transformados más y más en la vida de Cristo. Cuando Jesús cargó la cruz, Él ofreció su abandono total a la Voluntad del Padre, para realizar su obra de salvación.

En el Bautismo, nos convertimos en una nueva creación por medio de la Palabra y somos sumergidos en la vida de Jesucristo. Si queremos seguir a Jesús en Su gloria, debemos de beber nuestra copa de sufrimiento, en el mismo Espíritu que Jesús bebió la Suya, totalmente entregándose en amor, a la Voluntad del Padre. Esto es parte de vivir la vida de Cristo en la tierra. La aparente insensatez de llevar nuestra cruz con Jesús, por las almas, nos hace verdaderamente sabios. Nos volvemos en una fuerza que ayuda a transformar al mundo, de uno cargado de tristeza y pecado, a la única fuente de gozo, vivir en el amor de Dios. Los siguientes extractos del libro de Conchita, *Yo Soy*, hablan al corazón:

(Jesús habla…)

«Yo soy aquel que ha de venir (Ap 1:4) a llevarte al cielo si me eres fiel, si cumples el mandamiento del amor, si eres obediente y pobre, si eres manso y humilde de corazón, si amas la cruz y te dejas crucificar en ella de Dios y de los hombres. ¡Sí, haz todo esto, que para esto vengo a ti, como Fortaleza de tu debilidad, como Triunfador de tu inconstancia, como Foco de eterna vida!».

«Permanece en mi amor. Pero ¿sabes tú qué es permanecer en mi amor? Es adelantar el cielo; es ya no hacer tu gusto, sino el de Jesús, o más bien, es tener con Él un solo amor, un solo sentir y ser; es sufrir amando, con paciencia, constancia y gozo, no mirando a la tierra, sino a la cruz. Es vivir en humildad y entrega; es llevar una vida de oración, de abnegación y de pureza sin salir de Mí, sin que le disipen las cosas del mundo, sin que le turben las adversidades de cualquier género; es estar siempre dispuesto a luchar de nuevo después de cada tormenta: es amar, es amar, y ya sabes que el amor hace fácil todo lo difícil y dulce todo lo amargo».

«Déjate a mi imitación en manos de mi Padre, el Viñador, y que Él piense en tu alma, viva en tu cuerpo, ame en tu corazón, para que tengan valor sobrenatural todos tus actos y seas la reproducción de la misma Vid, permaneciendo en mi amor».

«Ven a Mí, que soy Yo el que vengo a pedirte tu amor, tu ternura, tu cariño y tus lágrimas, tus sentidos, pensamientos, dolores y un corazón puro en donde reclinar mi cabeza»

«Y, ciertamente, Yo soy rey universal, pero mi corona en el mundo quise que fuera de espinas, y sólo admití ese título a mi paso por la tierra ¡en un tribunal humillante, y clavado en una Cruz!

Así fue público mi reinado, para enseñarte que sólo debe reinar un cristiano en lo alto de sus calvarios».

CAPÍTULO 19

EL SACERDOCIO

«Simón Pedro,
hijo de Juan, ¿me quieres?...
Apacienta mis ovejas».
Jn 21:17

Cierto sábado, cuando estaba en la iglesia del Sagrado Corazón, pasaba por las oficinas de la parroquia, cuando escuché a alguien tocando a la puerta. Había trabajado arduamente toda la semana, y siendo ese mi día de descanso, decidí ignorar la llamada. Salí después de unos minutos y se me acercó, apurando el paso, una señora que empujaba un cochecito. Dentro se encontraba su bebé enfermo y ella quería que yo le orara. Me sentí avergonzado por no haber respondido desde el primer instante, pero enseguida, con mucho gusto, oré por la criatura. El Señor sanó al bebé. Al regresar a la oficina, escuché la voz del Señor, que suavemente me reprendió: *«Tienes toda la eternidad para descansar».*

Pedro, por su humanidad, tres veces negó a Jesús. En los preciosos encuentros después de la resurrección, Nuestro Señor le preguntó a Pedro, tres veces, si él lo amaba. Pedro le contestó que sí, y por tres veces, Nuestro Señor le dijo a Pedro que apacentara sus ovejas y cuidara de Su pueblo. Este pasaje, nos recuerda que Nuestro Señor nos llama continuamente, a sobreponernos a nuestras debilidades y egocentrismo, a servirle generosamente con todo el corazón, mediante el cuidado pastoral de Su pueblo.

«El que quiera ser el más importante entre ustedes, que se haga el servidor de todos, y el que quiera ser el primero, que se haga siervo de todos. Así como el Hijo del Hombre no vino para que lo sirvieran, sino para servir y dar su vida como rescate de una muchedumbre».
(Mar 10:43-45)

La celebración del Santo Sacrificio de la Misa es el epítome del ministerio sacerdotal. El sacerdocio y la Santa Eucaristía son inseparables. Únicamente el sacerdote tiene el poder de consagrar el pan y el vino; transformándolos por el poder del Espíritu Santo, en el Cuerpo y la Sangre de Cristo.

«En el altar, el Sacerdote efectúa (...) por el poder de sus palabras, la transubstanciación, y lo que antes era simple pan y simple vino, después de esas sagradas palabras, pronunciadas por el Sacerdote, se convierte su substancia en mi Cuerpo real y en mi Sangre real, que derramé en el Calvario...

»¡Oh hija! qué sublime es el ministerio sacerdotal, y qué SANTOS deben ser los cuerpos y las almas de quienes lo desempeñan...».
(P. Juan Gutiérrez González, M.Sp. S.
Atracción irresistible por la eucaristía)

En la Misa, mientras el sacerdote ofrece la víctima sin mancha al Padre, él, al igual que la congregación, ofrecen el sacrificio de sus propias vidas y sufrimientos, junto a los de Nuestro Señor.

«Durante la Eucaristía, nos trasladamos con Jesús al Calvario. Nos situamos al pie de la Cruz junto a María, Juan y las mujeres piadosas. Las llagas de Jesús son las nuestras, y las nuestras son las de Él. Formamos una unión, somos un Cuerpo».
(Michael Brown
Secrets of the Eucharist)

Nuestro Señor desea unirse con nosotros en la Eucaristía.

«*"Yo quiero, hija mía, poseerte; quiero absorberte en Mí, en mi inmensidad de dolores, y en mis infinitas delicias; quiero unión, unión, íntima unión (...).*

»*"Pero Jesús," le dije: "cómo es que quieres unirte conmigo que ni soy pura ni santa, ni divinizada, sino muy material (...)".*

»*"La Eucaristía diviniza al hombre, lo purifica y lo hace santo. En ella encontrará siempre cuanto necesite, pues que es el Nido del que es todo santidad, pureza y divinidad".*

»*"Mira, hija mía, los rayos eucarísticos son los que más pronto purifican y unen, pero sólo atraviesan a las almas hechas Cruz".*
(P. Juan Gutiérrez González, M.Sp. S.
Atracción irresistible por la eucaristía)

El Corazón Divino de Jesús, la Santa Eucaristía y la Cruz, están íntimamente relacionados unos con los otros y con el Sacerdocio.

«*"Mira, hija, primero me di a ti en la Eucaristía que en la Cruz (...) voluntariamente me clavé en la Eucaristía antes que en la Cruz material, atándome ahí con el amor más grande...*

»*La Eucaristía es tu Jesús, pero tu Jesús en la Cruz, porque la Eucaristía es Mi Cruz mística y ahí separo mi Sangre y mi Cuerpo como lo hice en el Calvario, y siempre por la salud del hombre ingrato. Crucificado estoy por él en la Eucaristía hace siglos (...) Mi Pasión no ha concluido, porque tampoco ha concluido el pecado, (...).*

»*Sacrifícate Conmigo para consolarme, tengo sed de sacrificios...".*
(P. Juan Gutiérrez González, M.Sp. S.
Atracción irresistible por la eucaristía)

En la Ultima Cena, Nuestro Salvador ordenó que Su sacrificio en la cruz, realizado por una vez y por todas, se hiciera presente, una y otra vez, en el sacrificio de la Eucaristía de la Iglesia, hasta el fin de los tiempos, por medio del ministerio de Su sacerdocio.

> « (...) y después de dar gracias lo partió, diciendo: "Esto es mi cuerpo, que es entregado por ustedes; hagan esto en memoria mía"».
>
> (1 Co 11:24)

> «En los altares de la Eucaristía siempre, porque en ellos perpetúa su sacrificio. El Padre, complacido recibe el perfume de gloria que se eleva hacia Él de la tierra, en todos los instantes, realizándose lo que dijo el profeta: "Desde la salida del sol hasta su ocaso, en todo lugar, se ofrece a mi Nombre una Oblación inmaculada, porque mi Nombre es grande entre las Naciones". ¡Cómo descansa Jesús en ese sacrificio perenne que se ofrece a cada instante en nuestros altares!»
>
> (Arzobispo Luis M. Martínez, D.D., Jesús)

La Eucaristía en sí, es el milagro más grande. Pero, a veces el Espíritu Santo ofrece un extraordinario testimonio visible del milagro, que en ese momento sucede sobre el altar, mostrando milagros Eucarísticos durante la celebración de la Misa. Estos han sucedido mientras he estado celebrando Misa y más tarde, se han podido comprobar por las fotografías tomadas.

Una vez, en Garabandal, por falta de vino rojo, estaba usando vino blanco en la Misa. Para mi sorpresa, el vino blanco se volvió rojo carmesí, al momento de la Consagración.

La fotografía a colores, de cerca y sin retocar, aparece en la contraportada del libro.

En cierta ocasión, durante una Misa Nupcial, tomaron una fotografía en el momento que yo le daba la comunión a la novia. En la foto se veía a la novia, con la boca abierta esperando la comunión, su lengua extendida y en mi mano… nada. La Hostia, que tenía entre los dedos, no se veía en la fotografía.

Otra vez, me tomaron una fotografía cuando celebraba Misa. Dicha foto, sin retoques, muestra una marcada incandescencia alrededor del cáliz, el cual contenía la Preciosa Sangre. *(Es la fotografía que aparece en la portada del libro).*

En agosto de 2008, durante la Misa de mi despedida, se tomaron fotografías. De la misma cámara, todas las fotografías de la elevación de la Hostia, mostraban en Ella, una cruz como si hubiera sido grabada en relieve, con la excepción de una, donde la cruz aparecía de color marrón.

En la ordenación, el Padre coloca en las manos del sacerdote Sus más preciados tesoros, la Eucaristía y las almas. Nuestro Señor confía a Sus sacerdotes el destino de Su Iglesia y el futuro eterno de los que Él ama.

«Dios hizo inmensos nuestros corazones en el día de nuestra ordenación para que pudieran caber Él y las almas, y llenó esa inmensidad con la luz de su sabiduría, con la dulzura de su amor y con las riquezas de su omnipotencia; la llenó con Él mismo, con su propio Corazón que es la porción de nuestra herencia y de nuestro cáliz.

»No me llama la atención que nos ame tanto; lo que me asombra es que nos ame aun manchados,

121

*aun infieles, aun ingratos, aun traidores y
--¡oh prodigio de amor!--, que su ternura para
nosotros parezca ahondarse y dilatarse cuando
nosotros hundimos en el cieno nuestra dignidad
y pagamos su amor con perfidia hasta convertir
contra Él y las almas sus mismos dones, prendas
de su amor y fruto de sus dolores...».*

(Arzobispo Luis M. Martínez, D.D., *Jesús*)

El Arzobispo escribió sobre la inmensa dignidad de los sacerdotes. Dice que Dios Padre ordenó que los sacerdotes estuvieran en la cima del orden sobrenatural, para que nos encontráramos más cerca de Él, más unidos con Cristo, el Sacerdote Supremo, y así nos pudiéramos colmar mejor de la gloria de Dios. Desde las alturas de ésta dignidad, por medio de nuestro sacerdocio, las gracias de Dios fluyen hacía abajo, sobre las almas, como agua que da vida para fertilizar los valles. A pesar de nuestras imperfecciones, Dios acepta nuestros esfuerzos para amarlo.

*«¡Cómo ha de complacer a Dios que seamos
puros en medio del lodo, fieles entre los peligros,
leales en las luchas, amantes en las pruebas,
firmes en las vicisitudes, y que debatiéndonos
entre todas las miserias de la tierra y las flaquezas
de nuestro corazón, le digamos osadamente: "¡Te
amo a pesar de todo; Tú lo sabes, puedes estar
seguro de mi amor!"».*

(Arzobispo Luis M. Martínez, D.D., *Jesús*)

El sacerdote no vive únicamente para sí mismo, sino para las almas. Es preciso que asuma el Corazón de Jesús –generoso, desinteresado y deseoso de dar sin fijarse en lo que cuesta; celoso por la gloria del Padre, con un amor especial y preocupación por los humildes y los pobres. San Pablo vivió esta clase de amor sacerdotal.

*«Me he hecho todo para todos con el fin de salvar,
sea como sea, a algunos».* (1 Cor 9:22)

El verdadero amor sacerdotal es fuerza para el débil, consuelo para el que sufre, apoyo para el indeciso, luz para los que están en la oscuridad, amistad para los que no tienen amigos y ayuda para el necesitado. San Gregorio de Nacianceno comprendió las necesidades espirituales de un sacerdote:

«*"Es preciso comenzar por purificarse antes de purificar a los otros; es preciso ser instruido para poder instruir; es preciso ser luz para iluminar, acercarse a Dios para acercarle a los demás, ser santificado para santificar, conducir de la mano y aconsejar con inteligencia. (...) [Por tanto, ¿quién es el sacerdote? Es] el defensor de la verdad, se sitúa junto a los ángeles, glorifica con los arcángeles, hace subir sobre el altar de lo alto las víctimas de los sacrificios, comparte el sacerdocio de Cristo, restaura la criatura, restablece en ella la imagen de Dios la recrea para el mundo de lo alto, y, para decir lo más grande que hay en él, es divinizado y diviniza"*».
(CIC 1589)

La misión de un sacerdote es un reto y una responsabilidad.

«*"El sacerdocio es cruz y martirio" (...).*

»*El reto del sacerdote es llevarle la fe a los que no creen, convertir a los pecadores, darle fervor a los tibios, estimular al bueno a ser todavía mejor y animar al piadoso a caminar por las alturas de la perfección».*

»*¿Cómo pudiera realizar todo eso, sin ser verdaderamente uno con Jesús? Lo siguiente lo decía San Pío de Pietrelcina: "El sacerdote es o un santo o un diablo". El guía las almas a la santidad o a la ruina. ¡A qué incalculable ruina no lleva (a las almas) el sacerdote que profana su vocación por su indigna conducta o peor aún, que la pisotea, renunciando a su condición de consagrado, de escogido por el Señor!*

»*San Juan Bosco dijo: "Un sacerdote nunca departe (a la otra vida) solo, pues con él siempre va un gran número de almas, que, o están salvas por su ministerio y buen ejemplo, o están perdidas por su negligencia en cumplir con sus deberes y por su mal ejemplo".*

»San Padre Pío describió visiones del espantoso dolor que Jesús sufría por culpa de sus sacerdotes indignos e infieles».
(Padre Stefano Manelle, F.I. *Jesus, Our Eucharistic Love* [Jesús, nuestro amor Eucarístico])

Los sacerdotes son llamados a una gran santidad.

«"Un sacerdote ya no se pertenece; es otro Yo y tiene que ser todo para todos; pero ha de santificarse primero, que nadie puede da lo que no tiene, y sólo el Santificador santifica"».
(Concepción Cabrera "Conchita" de Armida *A mis Sacerdotes*)

« ¡Piedad, Señor, piedad! Yo veo, no sé cómo, Padre mío; el estrechísimo juicio que les espera a los Sacerdotes que no reciben ni imparten como deben, la Sangre preciosa de Jesucristo... que no trabajan en su propia santificación, para así con fruto, llevar la simiente divina a los corazones. Pesa una inmensa responsabilidad sobre los Sacerdotes que, como parásitos, viven en la Iglesia del Señor... Siento las quejas profundas del Corazón divino sobre este punto que tanto, tanto le lastima!».
(Padre Juan Gutiérrez González, M.Sp.S. *Atracción irresistible por la Eucaristía*)

«Para todos los sacerdotes, la Sma. Virgen es el espejo que refleja la santidad que debe de ser la de ellos, precisamente por la proximidad íntima entre la Encarnación de la Palabra en el vientre de María y la Consagración de la Eucaristía en las manos del sacerdote».
(San Francisco de Asís)

El Cardenal Francis Arinze, escribe en su libro titulado *Reflecting on Our Priesthood* (Reflexionando sobre nuestro sacerdocio), que el sacerdocio no es únicamente una función, es un don especial concedido con los dones de Jesús. Aunque la labor del sacerdote es grande, así también son los dones de Dios. Jesús nos ha traído del corazón del Padre, dones de luz, esperanza, vida y felicidad para que nosotros se lo transmitamos a los demás. El sacerdote, por su ordenación, se vuelve interiormente un ser semejante a Cristo. Nadie se da cuenta de esto, excepto el sacerdote y el Señor. Es algo privado entre ellos dos. Únicamente podemos predicar las experiencias vividas en el Espíritu Santo.

Para que un sacerdote pueda dar, primero tiene que recibir, abriéndose a la acción de Dios. Los sacerdotes son llamados de un modo especial a ser transformados en Jesús. Contamos con la ayuda del Espíritu Santo para que esa transformación se lleve a cabo. Por el Espíritu Santo, el sacerdote puede *vivir* a Cristo, *por* Cristo, *con* Cristo...*ser* Cristo. Junto con Jesús, por el poder del Espíritu Santo, podemos hacer la Voluntad del Padre y darle gloria.

El Espíritu Santo siempre ha tenido un gran impacto en mi relación con Nuestro Señor. Sus dones y Su guía siempre me han inspirado a depender en Él. Mi vida sacerdotal nunca hubiera estado completa sin Él. Él ha sido siempre mi director espiritual, mi mentor y mi tesoro escondido.

El Papa Benedicto XVI declaró el Año Sacerdotal, de junio de 2009 a junio de 2010. San Juan Vianney ha sido nombrado el Patrón universal de los sacerdotes. Él escribió un poderoso tratado sobre el sacerdocio, *el Catecismo sobre el Sacerdocio*:

PENSAMIENTOS SOBRE EL SACERDOCIO
Por San Juan Vianney
(A.D. 1786-1859)

I

« *¿Qué es el sacerdote? Un hombre que ocupa la plaza de Dios, un hombre revestido de todos los poderes de Dios. Vamos –dice nuestro Señor al sacerdote- como mi Padre me ha enviado, yo os envío. Todo el poder me ha sido dado en el cielo y en la tierra. Ve a instruir a todas las naciones. Quien te escucha me escucha, quien te desprecia me desprecia. Cuando el sacerdote redime los*

*pecados, no dice: Dios te perdona. El dice: Yo te
absuelvo.*

II

*»Si no tuviésemos el sacramento del orden
sacerdotal, no tendríamos a Nuestro Señor.
¿Quién le ha puesto ahí, en ese tabernáculo?
El sacerdote. ¿Quién ha recibido el alma en
su entrada a la vida? El sacerdote. ¿Quién
la alimenta para darle fuerza para hacer su
peregrinación de la vida? El sacerdote. ¿Quién la
preparará a presentarse ante Dios, lavando esta
alma, por última vez, en la sangre de Jesucristo?
El sacerdote. ¿Y si esta alma va a morir por el
pecado, quién la resucitará?, ¿quién le devolverá
la calma y la paz? Otra vez el sacerdote. No os
podéis acordad de una buena obra de Dios, sin
encontrar al lado de este recuerdo a un sacerdote.*

III

*»Las otras buenas obras de Dios no nos servirían
de nada sin el sacerdote. ¿Para qué serviría una
casa llena de oro, si no tenemos a nadie que nos
obra la puerta? Sin el sacerdote, la muerte y la
pasión de Nuestro Señor no servirían de nada.
Tras Dios, ¡el sacerdote lo es todo! Dejada una
parroquia veinte años sin sacerdote, adorarán
las bestias. Cuando se quiere destruir la religión
se comienza por atacar al sacerdote, porque
allá donde no hay sacerdote, no hay sacrificio, y
donde no hay sacrificio, no hay religión.*

IV

*»¡Oh! ¡Que cosa es el sacerdote! Si él se
percatara de ello, moriría...Dios le obedece: dice
dos palabras y Nuestro Señor desciende del cielo.
¡No se comprenderá la dicha que hay en decir la
misa más que en el cielo!*

V

*»Si uno tuviera suficiente fe, vería a Dios
escondido en el sacerdote como una luz tras su
fanal, como un vino mezclado con el agua. Hay
que mirar al sacerdote, cuando está en el altar o
en el púlpito como si de Dios mismo se tratara.*

VI

»Se da mucha importancia a los objetos depositados en la escudilla de la Santa Virgen y del Niño en Loreto. Pero los dedos del sacerdote, que han tocado la carne adorable de Jesucristo, que se han sumergido en el cáliz donde ha estado su sangre, en el vaso sagrado donde ha estado su cuerpo, ¿no son más preciosos? El sacerdocio es el amor del Corazón de Jesús. Cuando veas al sacerdote, piensa en Nuestro Señor.

VII

»El sacerdote no es sacerdote para sí mismo. Él no se da la absolución. No se administra los sacramentos. No es para sí mismo, lo es para vosotros.

VIII

»El sacerdote es como una madre, como una comadrona para un niño de pocos meses: ella le da su alimento. Él no tiene más que abrir la boca. La madre dice a su hijo: Toma, pequeño mío, come. El sacerdote os dice: Tomad y comed el cuerpo de Cristo que os guarde y os conduzca a la vida eterna. ¡Que palabras más bellas! Un niño cuando ve a su madre va hacia ella; lucha contra quienes la retienen, abre su boquita y tiende sus pequeñas manos para abrazarla. Nuestra alma, en presencia del sacerdote, se alza naturalmente hacia Dios, sale a su encuentro».

Más extractos del libro *A mis Sacerdotes*:

(Jesús habla…)

«…"la transformación, o sea la unificación de ellos en mí, está hecha en cuanto a los designios de mi Padre, que los eligió eternamente para servicio de mi Iglesia, pero esa transformación no se realiza ni se consuma sin la voluntad, el trabajo, el sacrificio y el amor de mis sacerdotes, que es lo que deseo"».

«"Pero esa consumación necesita la ayuda eficaz, generosa y constante del sacerdote, su cooperación, repito, su voluntad, sus sacrificios, su amor, un inmenso amor que los transforme en Mí todo amor, para perderse Conmigo uno, en la unidad pura y divina de la Trinidad"».

«"Sobre ellos descansan las miradas del Padre, las complacencias del Padre; porque con mi omnipotencia divina, ellos como que desaparecen en Mí; y entonces el Padre no ve a tal o cual sacerdote, sino a Mí, su Hijo amadísimo. Mi Divinidad los absorbe, los endiosa; y aunque claro está que no desaparece la criatura humana ni se destruye su personalidad, el hombre sin embargo es sublimado, divinizado, transformado en Mí"».

«"...transformados en Mí (...) con los dones con que los regalo tienen más fortaleza para resistir el mal, más energía divina para rechazarlo, más libertad para volar, menos cadenas que los aten, más impulsos santos que los eleven, más valor para el sufrimiento, están más libres de sí mismos (...)"».

«"Los sacerdotes pueden completar al Dios-hombre, no en el sentido de que a Mí me falte algo, sino en el sentido de continuar en la tierra al Salvador"».

«"¿A qué se comprometieron los sacerdotes el día de su ordenación que debía ser para ellos inolvidable? Que recuerden sus compromisos y los dulces lazos que los estrecharon Conmigo, que recuerden las santas emociones de su primera Misa y sus promesas amorosas, y las renueven, y que se apresuren generosamente a cumplirlas. Yo les ayudaré en esa reacción; pero que me den su voluntad, que no escatimen sacrificios y que se lancen a una nueva vida de fervor, que se crucifiquen"».

CAPÍTULO 20

JUNTOS CON MARÍA

«Jesús dijo a la madre:
'Mujer, ahí tienes a tu hijo.'
Después dijo al discípulo:
'Ahí tienes a tu madre.'
Desde ese momento, el discípulo
se la llevó a su casa».
Jn 19:26-7

En cierta ocasión, cuando tenía catorce años, jugaba en casa con mis hermanos y al levantar la vista, vi a la Sma. Virgen. Vestía un hábito de color marrón, como el de los franciscanos. Ella sin hablar, sonreía. Se lo dije a mis hermanos, pero no la podían ver y tuvieron miedo. Después de unos segundos, desapareció.

He tenido la bendición de ver a María dos veces más, en ambas ocasiones ya siendo sacerdote. Cuando era capellán de la Escuela Secundaria de San Petersburgo, fui a Medjugorje con un profesor amigo mío. Muchos creen que la Sma. Virgen se ha estado apareciendo allí desde el año 1981. Nos dijeron que la aparición tomaría lugar, esa misma tarde, en la cima del monte Krizevac a las ocho de la noche. Escalé la rocosa ladera en la oscuridad, sin quitarle el ojo a cada pisada que daba, sin embargo, bajo el calor intenso del mes de agosto, me pareció que llevaba horas ascendiendo. No había calculado bien el tiempo que esto me llevaría, así que cuando al fin llegué al lugar de la aparición, ya eran las nueve y media de la noche y toda la gente estaba de retirada. Desilusionado, me dije: «Esto no es para mí». Entonces, súbitamente, María se me apareció, más adelante y cuesta arriba. La vi suspendida en el aire, escasamente por encima del suelo. Era de tamaño natural y la cubría una tela de color gris, que me impedía ver su rostro. Toda la vestidura, incluyendo el velo, ondeaba en la brisa. Ella no me habló, pero yo de pie y sudoroso, le pregunté: «Madre, ¿por qué tienes que aparecerte aquí?». No me respondió y poco después desapareció.

Mi tercer encuentro con la Sma. Virgen ocurrió mientras celebraba la Santa Misa en una de las reuniones semanales del cenáculo en la iglesia de San Juan Vianney. Durante la consagración, cuando levanté la vista, allí estaba Nuestra Señora, vestida de blanco, con los brazos cruzados, de pie como una estatua y sus ojos semicerrados en reverencia al Santísimo Sacramento. Su rostro era redondo y bellísimo. Al lado de ella estaba un ángel, de pie y sin alas. Esto me ocurrió en  el momento en que elevaba la Sagrada Hostia para adorarla. Me sobresalté al verla y casi se me cae la Hostia de las manos.

Estas han sido las únicas ocasiones en que he visto a Nuestra Señora, aunque muchas veces he llevado grupos de peregrinos a lugares donde ella se le aparece a otras personas. En varias ocasiones me han acompañado grupos a Betania (finca situada en las afueras de Caracas, en la diócesis de los Teques), Venezuela, para visitar a María Esperanza Medrano de Bianchini (1928-2004), a quien la Virgen se le apareció por muchos años. Estas apariciones fueron aprobadas y declaradas oficialmente por la Iglesia Católica como auténticas el 21 de noviembre de 1987.

La Virgen María se manifestó como Nuestra Señora de Betania, bajo el título de «María, Virgen y Madre, Reconciliadora de los Pueblos». Se considera que María Esperanza es una de las más grandes místicas de nuestros tiempos.

En uno de esos viajes, en el día de la fiesta de la Inmaculada Concepción, me encaminaba a celebrar la Misa en el lugar de las apariciones, donde la Virgen visitaba a María Esperanza. Por el camino, divisamos una mariposa grande de color azul, que nos venía siguiendo, para más tarde desaparecer. Durante la Misa, la mariposa azul se dejó ver de nuevo, resplandeciente sobre el altar. María Esperanza nos dijo que una mariposa azul solía acompañar a la Sma. Virgen.

> «(...) desde que yo era niña, dos ángeles que se aparecieron al lado de la estatua, me dijeron que una mariposa azul se me aparecería, y así mismo sucedió. Siguen viniendo y nos visitan».
>
> (Michael Brown, *The Bridge to Heaven: Interviews with María Esperanza* [El Puente al Cielo: Entrevistas con María Esperanza])

Otros sucesos mencionados en dicho libro relacionados a María Esperanza, la Sma. Virgen y las rosas:

> «Yo vi (...) un sudor profuso y perfume emanar de ella, un perfume a rosa. Claramente lo percibí. Era sudor, pero un sudor con olor a rosas».

> «Parece que ella (María Esperanza) fue escogida por Dios, de una manera especial para relacionarla con las rosas (...) hasta pétalos de rosas se desprenden de su cuerpo, a su alrededor caen del cielo, de sus manos. Los pétalos de rosas caen por todos lados».

El fenómeno más increíble que ha sido reportado sobre María Esperanza, le ocurrió catorce veces. «*Una rosa le brotaba del pecho. Dos médicos testificaron que la rosa salía a través de su piel. Había una perforación y una contusión que le producía un gran dolor. Los médicos pensaron que sufría un ataque al corazón.* (Era) *Una rosa fresca como la mañana, con rocío sobre los pétalos».*

Más tarde, llevé un grupo a Maracaibo, Venezuela. Allí tuvo lugar una aparición de la Sma. Virgen en el siglo dieciocho. El Papa Juan Pablo II visitó el sitio en el año 1985. Fuimos a visitar a Concepción, «Conchita», una abogada de profesión y vidente, que se cree que recibía apariciones y mensajes de la Virgen. Quisiera hacer una aclaración: «Conchita» de Maracaibo, Venezuela, no debe de ser confundida con la otra Conchita que mencioné anteriormente, Concepción Cabrera de Armida (1862-1937).

Me encontraba confesando, cuando Nuestra Señora se le apareció a Conchita. Llevaba en sus manos un ramo de rosas bellísimas, dijo Conchita, y cuando esta le preguntó si eran para ella, la Virgen le respondió que no, que eran para «el Padre», pues quería que yo las bendijera y las usara para la sanación de los enfermos. Como yo era el único sacerdote allí, pregunté incrédulo: «¿Nuestra Señora dijo que eran para mí?». Conchita me refirió todo lo que la Virgen le había dicho y efectivamente, estaban destinadas para mí. Pero yo no vi ningunas rosas y no comprendí lo que la Sma. Virgen quería decir respecto a que las bendijera y las usara para la sanación de los enfermos. Al día siguiente, regresé con el grupo al sitio de la aparición. Me arrodillé para orar y dije: «Virgencita, me diste rosas ayer, pero no las vi». En ese momento el perfume a rosas me cubrió desde la cabeza hasta los pies.

Se rezó en grupo la Oración de la Consagración al Inmaculado Corazón de María, leyéndola de una hoja de papel. Una lluvia de escarchas, con los colores del arco iris, nos cayó encima y sobre la hoja de papel. Más adelante, leí en el libro de Michael Brown, *The Bridge to Heaven*, la siguiente referencia a lo ocurrido: *«Cuando nos baña esta escarcha,* (dice María Esperanza)*, la bella y delicada escarcha que cubre nuestra piel, es algo precioso, especialmente cuando se sanan los enfermos».*

Poco tiempo después de mi regreso a los Estados Unidos, una señora del cenáculo me pidió que le bendijera unas rosas. Ella estaba haciendo una novena a la Sma. Virgen en su casa y quería regalarle una rosa bendecida a cada una de las personas que asistían. Así lo hice y les pedí a las personas que cuando oraran por el enfermo o por ellos mismos, colocaran un pétalo bendecido sobre el lugar que necesitaba sanación, y rezaran tres Ave Marías. Esa fue la primera vez que bendije rosas. Después, comencé a bendecir rosas los días de fiestas de la Sma. Virgen en nuestro cenáculo y dárselas a la gente para que se las llevaran a sus casas y las usaran para la oración de sanación.

Muchas sanaciones ocurrieron por las rosas; yo creo que fueron obsequios de la Sma. Virgen. Un hombre que sufría de piedras en los riñones, se despertó a la mañana siguiente sin dolor. Otra señora, con un cáncer avanzado de la garganta, puso el pétalo de rosa debajo de su almohada; eso sucedió hace más de doce años, y sigue muy bien de salud. Una señora llevó pétalos bendecidos a Puerto Rico para su madre que estaba enferma y los médicos la habían desahuciado; ella recibió la sanación. Otra señora que había perdido tres criaturas por aborto natural, le pidió al Señor poder tener hijos; el Señor le dio tres niños.

La rosa simbólicamente se asocia con los misterios del Santo Rosario.

«*Las hojas verdes del rosal, representan los Misterios Gozosos; las espinas, los Dolorosos; y las flores, los Misterios Gloriosos.*

»*Además, los Misterios Gozosos, Dolorosos y Gloriosos se asocian a los bellos colores de las rosas: el blanco (Los Gozosos), el rojo (los Dolorosos) y el dorado (los Gloriosos).*

»*Los botones de las rosas representan a Jesús Niño; las rosas a medio abrir, Su Pasión; y las rosas completamente abiertas, nos muestran la gloria del triunfo*».

(Kosalic Turton)

Me enteré después, que los Frailes Dominicos del Apostolado del Rosario en Nueva York, llevan mucho tiempo bendiciendo pétalos de rosas. He aquí la oración de la Iglesia del Ritual Romano para Bendecir las Rosas:

«¡Oh Dios Creador y Preservador de la Raza humana, dador de la gracia celestial y dispensador de la salvación eterna! Con Tu Santa Bendición, Bendice estas rosas que Te presentamos en gratitud a través de la devoción y reverencia a la Santísima Virgen María y a Su Rosario, al implorar Tu bendición. Por el poder de Tu Santa Cruz, derrama Tu celestial bendición en las rosas que Tú le has regalado a la humanidad para su uso por su fragancia; y para aliviar el sufrimiento de la enfermedad. Dótalas por el Signo de Tu Santa Cruz con tal bendición; que a los enfermos a quienes se les traigan y en las casas donde se guarden, sean sanados de todas sus enfermedades. Y que los espíritus malignos se retiren de ellos y salgan fuera de sus hogares en temor; y temblando con todos sus seguidores, y que nunca más estos presuman de molestar a Tus servidores. Por Cristo Nuestro Señor. Amén».

En una ocasión, la vidente Conchita, de Venezuela, vino de visita a nuestro cenáculo de la iglesia de San Juan Vianney. Para el acontecimiento adquirimos rosas. La Sma. Virgen se le apareció a Conchita esa noche en la reunión y me dijo que Nuestra Señora las había bendecido y le dijo a Conchita que yo también las bendijera. Así lo hice y las regalé todas; me quedé sin ninguna para mí. Al terminarse el servicio, Conchita me dio una bellísima rosa blanca y me dijo que Nuestra Señora quería que fuera para mí. Era un botón cerrado que yo puse en una vasija con agua. Al cabo de la semana, estaba fresca y todavía no había abierto. Yo le arranqué los pétalos y los guardé en un cofrecito de plata. A la semana, estaban tan frescos y fragantes como el primer día que Conchita me los dio.

Más adelante, una familia conocida me invitó a su casa. El padre había cumplido sentencia en la prisión y un tiempo después, en nuestro cenáculo, vivió la experiencia de una profunda conversión. Por aquel entonces, los esposos sufrían serios problemas matrimoniales. Les di los pétalos de la rosa blanca, para que los tuvieran en su casa. Cuatro días más tarde, el padre, que hasta entonces gozaba de buena salud, paseaba por el jardín y se desmayó. El hijo fue a levantarlo, cuando el padre señaló detrás del hijo y dijo: «Mira, ahí está Nuestra Señora», y murió.

Los católicos sabemos que no adoramos a María, sino la honramos como la Madre de Dios. Cuando le oramos, a menudo es para pedirle su intercesión. Jesús hizo su primer milagro en las Bodas de Caná, porque Su madre se lo pidió. Recordemos sus indicaciones a los sirvientes de la boda, *«Hagan todo lo que Él les mande»*. *(Jn 2:5)*.

En la Biblia no se escribió mucho sobre María. Sus palabras fueron pocas y selectas. Tenemos la bella oración del Magníficat, proveniente de la visita a su prima Isabel, el "Ave María" basado en las escrituras y la poderosa oración del rosario que nos lleva a la vida de Jesús, su Hijo, y nos inspira a meditar cómo podemos vivir cada misterio. María ofreció su propio Fiat, su «sí», al Arcángel Gabriel cuando consintió en ser la madre de Dios. Su Fiat fue un eterno sí a la Voluntad del Padre, del Hijo y del Espíritu Santo. María, como hija del Padre, madre del Hijo y esposa del Espíritu Santo, lo hace todo *con* Jesús y *con* el Padre *por medio* del Espíritu Santo. Nuestra Señora es la Joya de la Santísima Trinidad. Al igual que María, nosotros también somos hijos de la Trinidad.

> *«Desde el primer instante en que el Señor moró en el seno fraternal de María, Cristo cumplió su oficio sacerdotal unido todo en el sí de María. Jesús creció como el fruto de su carne y su corazón. María lo hace todo con Jesús y con Su Padre».*
>
> (Traducido del libro *To My Priests*, (A mis Sacerdotes) Concepción Cabrera de Armida)

El corazón de María era un santuario inmaculado –un lugar de descanso, tranquilo y amoroso para Jesús. Ella vivió en silencio, admiración y amor *con* Jesús, atesorándolo todo en su corazón contemplativo. Todas las virtudes se enriquecían en María: su corazón puro, su amor perfecto, su sabiduría y luz, su compasión por los necesitados, su humildad no superada. María asistía a Jesús en Su obra, no predicando ni sanando como San Pedro y los otros apóstoles, sino con su silenciosa adoración.

La Madre de Dios ha sido llamada el sendero, el camino que nos lleva a Jesús: nuestro Redentor y Señor. Ella es nuestra intercesora que nos ayuda en la vida y en la hora de la muerte, la que escucha todas nuestras oraciones al Padre y la que nos acerca a Dios. Estamos llamados a imitarla, uniendo nuestro «sí» al de ella y dando nuestra propia respuesta al amor.

María es el arquetipo de la Iglesia. Como María, estamos llamados a cumplir la Voluntad del Padre, abrazando los misterios de Cristo en nuestra propia vida. Antes del Concilio Vaticano II, la espiritualidad de la Iglesia estaba basada en el pecado y el mal. Después del Concilio Vaticano II, la nueva evangelización se basa en Cristo. Estamos llamados a ser, no solamente hijos adoptivos, sino «hijos» de Dios, por Cristo. La única manera de ser transformados en la imagen de Cristo es por medio de los dones del Espíritu Santo, que la Iglesia nos da.

Jesús, el Hijo de María, el Hijo de Dios, tiene el poder de crear en nosotros Su Vida, la Vida del Padre y la Vida del Espíritu Santo, para que nunca más caminemos en la oscuridad, el odio, el sufrimiento, sino en el amor.

Podemos trabajar para el Reino, de la manera contemplativa, como lo hizo Nuestra Señora –o en un apostolado activo – según el Espíritu Santo nos guíe. Seguimos el ejemplo de María, cuando nos dejamos guiar por el Espíritu Santo, con perfecta flexibilidad, de manera que todo es dispuesto por Dios. Entonces, nuestra vida espiritual se vuelve fructífera con una productividad que viene del Padre.

Después del Espíritu Santo, la Sma. Virgen ha sido la que ha moldeado mi sacerdocio y mi vida. Ella es mi reina, mi madre y después de Jesús, mi mejor amiga.

Oración de Intercesión a la Santísima Madre:
« *¡Madre del que es la Palabra eterna!, María,*
que sepa yo, en el silencio, escuchar la voz dulce
de tu Jesús. Amén».
(Concepción Cabrera "Conchita" de Armida, *Yo Soy*)

«María, tú conociste todos los latidos del corazón
de Jesús, sus movimientos y sus deseos. Tú, que

tuviste grabado en ti Sus rasgos y virtudes, te pido hoy que obtengas para mí la pureza de corazón que refleja a Jesús, de manera que yo pueda verlo siempre. Obtén para mí en la tierra, la Divina promesa: "Bienaventurados los de corazón puro, porque ellos verán a Dios"». (Mt 5:8)

«¡O María, mi vida, dulzura y esperanza! Agita las alas de mi pobre corazón, para que al dejar abajo la muerte de mis caídas, me levante y vuele hacia el cielo, después de haber practicado todas las virtudes sobrenaturales y la Vida Divina».

«Madre Mía, obtén para mí la gracia de permanecer en Jesús, de manera que el Padre me de lo que le pido (Jn 15:7), de acuerdo a las promesas de su Divino Hijo. ¿Y qué debo pedir? Amarlo siempre con un creciente ardor, cada momento de mi vida. Y le pediré la gracia para vivir en el mundo haciendo buenas obras, como lo hizo Él». (He 10:38)

«¡O María, llena de gracia, dulce y amorosa madre! Obtén para mí de Jesús, que Él derrame sobre mí todas las bendiciones que Él envía al mundo por medio de la Eucaristía, para que yo sea un reflejo de Su mansedumbre y humildad».

(Anónimo)

IMMACULATE HEART OF MARY
O CORAZON DE MARIA

Letra y música © 1991, Rev. Julio B. Rivero, T.O.R., Derechos reservados

Por la gracia e inspiración del Espíritu Santo, el himno al Inmaculado Corazón de María (letra y música), fue compuesto por el Padre Julio Rivero, T.O.R. durante una reunión del Cenáculo en la Capilla de la Escuela Secundaria Católica de San Petersburgo, en el año 1991.

CAPÍTULO 21

EL ESPÍRITU SANTO

«Pues el amor de Dios ya fue derramado
en nuestros corazones
por el Espíritu Santo que se nos dio».

Rom 5:5

El día de mi ordenación, el deseo de mi corazón fue ser un buen sacerdote, fiel a lo que se me había otorgado. Esperé una semana y media después de la ordenación, para celebrar mi primera Misa y que ésta coincidiera con la fiesta del Espíritu Santo. En aquel entonces, yo no tenía ni idea de cómo el Espíritu Santo y la Sma. Virgen, Su esposa, infundirían mi sacerdocio y mi vida.

Cuando al fin estuve de acuerdo a que me oraran para recibir el Bautismo en el Espíritu en la reunión carismática que hacía un año asistía, el único don que pedí fue ser un buen sacerdote. Luego, en un retiro, me hallé orando en una lengua extraña y supe que ese era el don de lenguas. En aquel entonces, aún no me había percatado de que el Espíritu Santo no había retenido nada: Él me dio todos los dones que yo llegaría a usar en mi ministerio sacerdotal; el don de consejo para la guía espiritual, el don de sanación, el don de oración, el don de conocimiento, el don de sabiduría y el don de liberación. Por muchos días me sentí eufórico. Las Escrituras adquirieron una gran importancia para mí, la Misa cobró vida y comencé a vivir experiencias místicas al celebrar las Misas.

No veo al Espíritu Santo, pero siento Su presencia en mí. Él es un verdadero caballero. Algunas veces estoy preparando una homilía, la estoy escribiendo en un papel, y hablando en sentido figurado, el Espíritu Santo toma el papel y me da en vez, Su homilía. Él me inspira. Muchas veces la gente viene a mí con problemas y yo no sé que decirle. Mientras la persona habla, yo invoco al Espíritu Santo. Su sabiduría es impresionante. Yo no pudiera contestarles si no fuera por el Espíritu Santo; todo viene del Espíritu Santo en ese momento.

La gente no se da cuenta lo que tiene en el Espíritu Santo, especialmente los sacerdotes. Él es quien está aquí con nosotros (de la Santísima Trinidad). Él siempre está con nosotros. Nos ayuda a cargar la cruz. Pero ¿quien es Él? El Espíritu Santo es Amor: el amor del Padre y del Hijo, el amor del Uno por el Otro. Conchita de Armida fue iluminada precisamente sobre este punto.

(En *Cuenta de Conciencia [CC]* Concepción Cabrera de Armida escribió extensamente sobre este tema y Salvador Sánchez, M., M.Sp.S., nos lo expone en su libro, *Cruz de Cristo, Cruz del Cristiano).*

> *«En la intimidad de la familia divina el Padre ama al Hijo con todo su ser, el Hijo corresponde al amor de su Padre con la misma fuerza y con la misma intensidad. El Padre y el Hijo se unen así en un apretado abrazo de amor, en una verdadera comunión, porque, el Amor, que es el Espíritu Santo, no se detiene hasta que conduce a la más íntima comunión y ambos quedan sumergidos en ese océano de amor infinito y eterno. (...)*
>
> *» "La misión de este Espíritu divino en el cielo, su vida, su Ser, es el Amor y en la tierra, llevar a las almas a ese centro de amor que es Dios"».*

De este manantial de Amor Divino fluye el amor que el Espíritu Santo quiere derramar sobre nosotros. El amor que el

Espíritu Santo nos tiene, es un amor personal. El Padre nos conoce a cada uno y nos distingue de los demás. El amor, el Espíritu Santo, es el don del Padre para nosotros y este encierra en sí todos los otros dones.

«Sobre Él reposará el Espíritu de Yavé, espíritu de sabiduría e inteligencia, espíritu de prudencia y valentía, espíritu para conocer a Yavé y para respetarlo». (Is 11:2-3)

Por la sabiduría, don del Espíritu, crecemos en caridad; por los dones de entendimiento y ciencia, crecemos en la fe; por el don de consejo, crecemos en la prudencia; por el don de la fortaleza, encontramos valor; por el don de piedad, aprendemos a buscar justicia; y por el don del temor de Dios, somos inspirados a esperar en Dios. Los dones del Espíritu Santo son los dones de Jesús. Lentamente somos transformados por el Espíritu Santo en la vida y el espíritu de Cristo. Este proceso comenzó en nuestro Bautismo, cuando recibimos el amor, el gozo y el sufrimiento de Cristo, para vivirlos en nuestra propia vida. El Espíritu Santo nos ofrece esos dones por la misericordia del Padre y del Hijo. Cuando menospreciamos al Espíritu Santo, no vivimos nuestra consagración Bautismal. Muchos hacemos esto. ¿Cómo podemos convertirnos en Cristo sin el Espíritu Santo? ¡Eso es imposible! Por el Espíritu Santo nacemos de nuevo en el Bautismo, como hijos de Dios. Mientras crecemos en los dones del Espíritu Santo, gradualmente comenzamos a florecer en la vida y el espíritu de Cristo. Nuestras vidas comienzan a dar Sus frutos; amor, gozo, paz, paciencia, amabilidad, bondad, mansedumbre y dominio propio.

Los símbolos del Espíritu abundan en las Sagradas Escrituras y en nuestra tradición católica. El Espíritu Santo es *viento*; no se puede ver, pero Él lo puede mover todo. Él es el *agua* de nuestro Bautismo; el principio de la vida y la productividad de esta. Él es el *agua viva* que surge de nuestro Señor crucificado. Él es *aliento*. Cuando el Padre envió Su Palabra, Él envió Su Aliento. Jesús y el Espíritu Santo están presentes en el origen de cada vida. La misión de salvación de Cristo es una misión combinada con el Espíritu Santo.

El Espíritu Santo nos revela la verdadera identidad de Cristo. «Nadie puede decir: "Jesús es el Señor", sino guiado por el Espíritu Santo (1 Cor 12:3). El Espíritu Santo también nos guía hacia Dios Padre. *«Dios mandó a nuestros corazones el Espíritu de su propio Hijo que clama al Padre, ¡Abbá!, o sea: ¡Papito!»* (Gál 4:6).

> *«Este conocimiento de fe no es posible sino en el Espíritu Santo. El es quien nos precede y despierta en nosotros la fe. Mediante el Bautismo, primer sacramento de la fe, la Vida, que tiene su fuente en el Padre y se nos ofrece por el Hijos, se nos comunica íntima y personalmente por el Espíritu Santo en la Iglesia».* (CIC 683)

El Espíritu Santo es el don que Cristo nos ofrece a nosotros y a la Iglesia, por medio de Su obediencia al Padre, la más sublime obediencia, a través de Su vida y especialmente, por Su muerte en la cruz. Los apóstoles fueron transformados en el Espíritu de Cristo por el poder del Espíritu Santo.

> *«Mientras comía con ellos, les mandó: "No se alejen de Jerusalén, sino que esperen lo que prometió el Padre, de lo que ya les he hablado: que Juan bautizó con agua, pero ustedes serán bautizados en el Espíritu Santo dentro de pocos días"».* (He 1:4)

> *«En adelante el Espíritu Santo Intérprete, que el Padre les enviará en mi Nombre, les va a enseñar todas las cosas y les recordará todas mis palabras».* (Jn 14:26)

> *«Cuando llegó el día de Pentecostés estaban todos reunidos en un mismo lugar. De pronto vino del cielo un ruido como el de una violenta ráfaga de viento, que llenó toda la casa donde estaban. Se les aparecieron unas lenguas como de fuego, que separándose, se fueron posando sobre cada uno de ellos; y quedaron llenos del Espíritu Santo y se pusieron a hablar idiomas distintos, en los cuales el Espíritu les concedía expresarse».* (He 2:1-4)

Invitar al Espíritu Santo a nuestro corazón no es únicamente para los sacerdotes y religiosos. Todos necesitamos al Espíritu Santo en nuestras vidas, para hacernos vibrar con el Amor Divino. San Lucas, en su evangelio, nos dice que le pidamos al Padre los grandes dones del Espíritu Santo.

> *«Pues bien, yo les digo: Pidan y se les dará, busquen y hallarán, llamen a la puerta y les abrirán... ¿Qué padre de entre ustedes si su hijo le pide pescado...Por lo tanto, si ustedes que son malos saben dar cosas buenas a sus hijos, cuánto más el Padre del Cielo dará espíritu santo a los que se lo pidan».* (Luc 11:9-14)

Nos encontramos con el poder transformador del Espíritu Santo durante la Consagración de cada Misa. Es el Espíritu Santo quien realiza la transubstanciación. Justo al momento en que el Espíritu Santo transforma el pan y el vino en el Cuerpo, Sangre, Alma y Divinidad de Cristo, nosotros debemos de pedirle que nos cambie en Cristo. Antes de celebrar la Misa, siempre rezo la Oración al Espíritu Santo, de manera que Él «nos» cambie, es decir, le pido el cambio en Cristo tanto para la congregación como para mí. Entonces, por el Espíritu Santo, Cristo, que está sobre el altar, es quien transforma el pan y el vino, y es Cristo quien recibe la Sagrada Comunión cuando los fieles la reciben.

Esta impresionante y bella transformación debe de tomar lugar en cada Misa, tanto para el sacerdocio ministerial como para el sacerdocio común, ambos por igual. Entonces podemos ir y predicar el evangelio en el espíritu de Cristo. Deberíamos siempre de estar conciente de que cuando recibimos al Señor, debemos de caminar en su imagen, en el espíritu de Cristo. No estamos llamados únicamente a recibir la Sagrada Comunión; estamos llamados a vivir lo que recibimos.

> *«Dirige tu mirada sobre la ofrenda de tu iglesia, y reconoce en ella la Víctima por cuya inmolación quisiste devolvernos tu amistad, para que, fortalecidos con el Cuerpo y la Sangre de tu Hijo y llenos de su Espíritu Santo, formemos en Cristo un solo cuerpo y un solo espíritu».*
>
> *(Plegaria Eucarística III del Ordinario de la Misa)*

Cuando el Padre y el Hijo nos envían el don del Espíritu Santo, Él nos pertenece, lo poseemos y Él a Su vez, nos posee. No sólo podemos gozar de Su presencia en nosotros, sino que podemos llevarles Su amor a los demás. Somos invitados a vivir por el Espíritu y mientras más nos negamos a nosotros mismos, más *«nos dejamos conducir por el Espíritu» (Gál 5:25)*. El Espíritu Santo nos transforma para hacernos santos. Nos unge de una manera que nos llena con fuego, que no solamente nos inspira sino que nos ilumina el camino para seguir a Cristo, la Palabra. Él nos transforma en Cristo. Él quiere ser nuestra constante compañía en el trayecto de nuestra vida.

Jesús nos dice a cada uno: *«Lleva la barca a la parte más honda y echa las redes para pescar» (Lc 5:4)* (que algunas veces es una cruz). Como pueblo sacerdotal, somos llamados a ofrecer sacrificio: negarnos a nosotros mismos y tomar la cruz. Cuando buscamos a Dios, Él nos responde y nos otorga los deseos de nuestro corazón. Cuando esos deseos nuestros son para Su gloria, para servirlo mejor, sirviendo al prójimo, yo creo que Él nos da dones más grandes y lo hace con más gozo.

El Espíritu Santo cambió mi vida. Yo creo que mi sacerdocio no hubiera sido tan fructífero y bendecido sin el poder, el amor y la intimidad del Espíritu Santo. Él ha sido mi felicidad y mi compañía a través de mi vida sacerdotal. Reconozco y le estoy agradecido al Espíritu Santo por toda su asistencia y guía en mi sacerdocio.

Aquí comparto algo más de *Yo Soy...*

(Jesús habla...)

«El Espíritu Santo vendrá a ti como fruto de mi plegaria. Yo rogué al Padre que te lo enviara. Él es luz que ilumina, fuego que calienta, soplo que da vida».

«Por el Espíritu Santo me concibió María, por Él me ofrecí como Víctima sin mancha. Él es la perfección espiritual, el sol de los espíritus, el lazo que te une a Mí, la dicha de los corazones, el reposo de las almas. Por Él los profetas fueron

ilustrados, los sacerdotes son ordenados, los altares consagrados, la Iglesia santificada, los demonios expulsados y las almas curadas».

«El Espíritu Santo es el alma de la Iglesia; vive en mi Corazón y en la Eucaristía.

»El Espíritu Santo me une con las almas, es la Fortaleza de Dios, la Luz indeficiente, el que asiste con su Verdad infalible a mi Iglesia, el autor de toda mi gracia».

«Si quieres sanar, el Espíritu Santo es médico; si eres pobre, Él es tu Padre. Él es calor, refrigerio, Vida.

»Ama con todo tu corazón a este Santo Espíritu, y comulgarás con fervor. Llévalo siempre en ti y no pecarás. Él es prenda de gloria, y pídele que te recuerde a tu Jesús.

»Al Espíritu Santo que ama al Verbo tanto como el Padre, dile que te enseñe la esencia del amor. Él quiere derramar sus dones y sus frutos, y no halla recipiente que los reciba. No lo entristezcas y conserva pura tu conciencia».

ORACIÓN AL ESPÍRITU SANTO

*Ven, Oh Espíritu Santo,
ven por la poderosa intercesión
del Inmaculado Corazón de María,
Tu querida esposa.*

*Ven, Oh Espíritu Santo,
llena los corazones de Tus fieles,
y enciende en ellos el fuego de Tu amor.
Envía Tu Espíritu, Oh Señor,
y todo será creado
y renovarás la faz de la tierra.*

 споле

Dios, Padre nuestro,
Derrama los dones de Tu Espíritu Santo sobre el mundo.
Tú le enviaste Tu Espíritu a Tu Iglesia
Para comenzar la enseñanza del evangelio;
ahora, deja que el Espíritu continúe su obra en el mundo
a través de los corazones de todos los creyentes.
Por Cristo nuestro Señor. Amén

Oración de Apertura de la Legión de María Tessera,
traducida del inglés.

En su libro, *Yo Soy*, Conchita nos ofrece esta oración al Espíritu Santo.

ORACIÓN PARA INVOCAR AL ESPÍRITU SANTO

«Jesús Eucaristía, dame tu Espíritu Santo,
quiero ser su templo vivo,
para que habite en mí.
Dile que penetre en mi inteligencia
para que en ella reine tu luz;
que absorba mi voluntad
para que con ella irradie la santidad de tu Corazón,
que reine en todo mi ser
y en todos mis actos, palabras y pensamientos
para vivir una vida a lo divino, haciendo siempre tu
Voluntad.
Quiero que sea mi Director,
mi Guía, mi Consuelo, mi Fuerza,
para sacrificarme con gusto en cualquiera cruz.
"El Amor de Dios
se difunde en el alma
por el Espíritu Santo", (Rom 5:5)
y hace fácil por la gracia
lo que es difícil a la naturaleza.
Él hace apreciar lo terreno en su justo valor
y que el alma aspire lo celestial;
pues lléname de su benéfica influencia,
mi buen Jesús,
igual en todo al Padre y a ese Divino Espíritu.

María, Esposa del Espíritu Santo,
dile que venga a reinar en el mundo entero,
que envíe apóstoles de fuego
que extiendan su devoción y lo hagan amar,
porque quien esté poseído de su unción,
amará la cruz, al Verbo igual al Padre,
y a Ti, Reina de los apóstoles.
Espíritu Santo,
fuego misterioso y divino
que fecundizas todo lo que tocas,
hazme santo con la recepción diaria
del Cuerpo y la Sangre de Jesús,
y levanta mi corazón a deseos celestiales.
Amén».

CAPÍTULO 22

HÁGASE TU VOLUNTAD

«Que alcancen el pleno conocimiento
de lo que él quiere,
con todos los dones de la sabiduría
y entendimiento espiritual.
Así llevarán una vida digna del Señor,
completamente de su agrado».
Col 1:9-10

Hace muchos años, cuando era un clérigo jovencito, el Señor me obsequió un sueño que yo no comprendí. En el sueño, el Señor abrió una puerta, detrás de la cual pude ver cosas celestiales; eran puras, blancas y resplandecientes, imposibles de describir. Yo no entré, no me sentía preparado para hacerlo. La vida parece ser una continúa búsqueda. Siempre andamos buscando algo, pero no siempre sabemos lo que es. San Agustín dijo: *«Señor, nos has creado para Ti y nuestro corazón no descansará hasta que no llegue a Ti».*

Dios nos ha creado e infundido en nosotros el deseo de estar con Él. Nuestra alma tiene una conexión interior con nuestro Creador, que nos impulsa hacia Dios, que es Amor. Lo bello de todo es que Dios no está «por ahí afuera» ni «por allá en el cielo», lejos de aquí. El misterio de Dios se descubre mediante el deseo y la oración que nacen de adentro.

A través de todos los siglos, los santos han buscado la unión con Dios. Santa Teresa de Ávila, una mística de las Carmelitas del siglo dieciséis y Doctora de la Iglesia, dijo que su vida, Dios y la oración, todo estaba entrelazado. Durante su vida de clausura religiosa, tuvo muchos sufrimientos físicos. Precisamente, a través del sufrimiento y la oración, Dios le regaló una vida de oración que floreció a un estado de perfecta unión con Él.

San Juan de la Cruz, un sacerdote Carmelita, místico y amigo de Santa Teresa de Ávila, y también Doctor de la Iglesia, ilustró que la unión entre Dios y la criatura siempre existe. Sin dicha unión con Dios, dejaríamos de existir. Nuestra existencia e identidad provienen de Dios y continúan relacionadas a Dios. El Santo decía que todo nuestro ser es un misterio de la relación humano-Dios. En nosotros, Dios está presente *por esencia*, nos da vida y existencia; *por la gracia*, Dios mora en nuestra alma, complacido y satisfecho; y cuando devotamente amamos a Dios, *por afección espiritual*, demuestra las diversas

San Juan de la Cruz (1542 - 91)

maneras en que Él refresca y alegra nuestras almas. Únicamente a través de nuestro conocimiento de Dios, se hace posible el verdadero conocimiento propio.

En la vida de Nuestro Señor, encontramos el modelo de la perfecta unión con Dios. Cristo quiso despojarse de Su divinidad para venir a nosotros como hombre, y enseñarnos cómo amar al Padre. En muchas ocasiones indicó hacer la Voluntad del Padre. Por su perfecta obediencia al Padre, Él fue capaz de vencer el pecado. La obediencia le sigue al amor. Jesús, en su vida terrenal, vivió en unión con el Padre. Jesús nos atrae a entrar en una unión amorosa con Él, en la misma manera en la que Él amó y estaba unido al Padre.

Cuando Jesús nos entrega Su Cuerpo, Sangre, Alma y Divinidad en la Sagrada Eucaristía, Él nos alimenta con Su ser, para transformarnos más y más en Su imagen y semejanza, siempre y cuando lo recibamos con la dignidad que hemos recibido en nuestro Bautismo. Esta es la voluntad del Padre: que seamos transformados más y más en Su Hijo. En la Transfiguración, el Padre dijo: «*Éste es mi Hijo, el Amado; Éste es mi Elegido; a Él han de escuchar*» *(Mt 17:5)*. La Voluntad del Padre es que vivamos la Palabra.

Hacer la Voluntad de Dios es la clave para comprender la Vida Divina de Dios, que hace posible la venida del Reino de Dios en la tierra, tal y como Nuestro Señor nos pidió que rezáramos en el Padre Nuestro: «*Vénganos tu Reino, hágase tu voluntad en la tierra como en el cielo*».

Los escritos de la Sierva de Dios, Luisa Piccarreta, cuya causa para ser nombrada «Venerable» está en proceso, me ayudaron mucho a comprender el llamado nuestro a la unión con Cristo y el Padre, por mediación del Amor, El Espíritu Santo. D. Pablo Martín, en su libro *Father, Teach Us to Pray* (Padre, Enséñanos a Orar), presenta un bello pasaje sobre cómo orar en la Voluntad de Dios, basado en los escritos de Luisa Piccarreta.

«*Entonces, tras recibir la Comunión, le decía a Jesús, "Te amo"; y Él me dijo: "hija Mía, ¿de veras quieres amarme? Dime: 'Jesús, Te amo con Tu Voluntad'. Y como Mi Voluntad abarca el Cielo y la tierra, tu amor me rodeará por todos lados, y tu 'Te amo', resonará en lo alto de los cielos, y en el fondo del abismo. Al igual, si quieres decirme: 'Te adoro, Te bendigo, Te alabo...' lo dirás unida a Mi Voluntad, y abarcará el Cielo y la tierra con adoraciones, con bendiciones, con alabanzas, con acción de gracias. En Mi Voluntad, todo es sencillo, fácil e inmenso. Mi Voluntad lo es todo..."*».

En su libro *El Reino del «FIAT» en medio de las criaturas: Libro de Cielo Vol. 15*, Luisa Piccarreta escribe sobre la relación entre la Divina Voluntad y la Sagrada Eucaristía.

« (...) Me he cubierto con los velos eucarísticos para no causar temor; he bajado al abismo más profundo de las humillaciones en este Sacramento para elevar a la criatura hasta Mí, hundiéndola tanto en Mí, de formar una sola cosa Conmigo y para hacer correr mi Sangre sacramental en sus venas para constituirme vida de su latido, de su pensamiento y de todo su ser. Mi amor me devoraba y quería devorar a la criatura en mis llamas para hacerla renacer como otro Yo. Por eso quise esconderme bajo estos velos eucarísticos, y así escondido entrar en ella para formar esta transformación de la criatura en Mí (...) Pero para preparar con esos dones a las almas, se necesita vaciarse de sí misma, odio a la culpa y deseo de recibirme...Si no es el amor lo que las lleva a recibirme es una afrenta más que me hacen, es una culpa más que agregan a sus almas».

« (...) Yo decía: "Padre Nuestro, a nombre de todos te pido tres clases de pan cada día: el pan de tu Voluntad, que es más que el pan material, porque si éste es necesario dos o tres veces al día, el de mi Voluntad, en cambio, es necesario a cada momento y en todas las circunstancias; es más, debe no sólo ser pan, sino aire balsámico que lleve la vida, la circulación de la Vida Divina en la criatura. Padre, si no das éste pan de tu Voluntad, nunca podré recibir todos los frutos de mi Vida Sacramental, que es el segundo pan que todos los días te pido. ¡Oh, cómo se encuentra mal mi Vida Sacramental porque el pan de tu Voluntad no los alimenta, es más, encuentra el pan corrompido de la voluntad humana! ¡Oh, cómo me da asco, cómo lo rehúyo! Y si bien voy a ellos, los bienes, los frutos, los efectos, la santidad... no puedo darlos porque no encuentro nuestro pan, si alguna cosa doy es en pequeña proporción, según sus disposiciones, pero no todo los bienes que contengo, y mi Vida Sacramental espera paciente hasta que el hombre tome el Pan

de la Voluntad Suprema para poder dar todo el bien de mi Vida Sacramental". ¿Ves entonces que el Sacramento de la Eucaristía, y no sólo éste, sino todos los Sacramentos instituidos por Mí y depositados en mi Iglesia todos los frutos que contienen y tendrán su pleno cumplimiento cuando el Pan Nuestro, es decir, la Voluntad de Dios se viva como en el Cielo así en la tierra?».

En la agonía de Nuestro Señor en el Huerto de los Olivos vemos a Jesús en oración, arrodillado, sabiendo que pronto iba a ser torturado y crucificado de la manera más cruel y tormentosa por la salvación de las almas, teniendo presente que muchas almas no aceptarían ese obsequio suyo de tan alto costo. En Su agonía, Jesús sudó sangre y le pidió al Padre, si fuera posible alejar de Él esa copa. Terminó Su oración completamente entregado a la Voluntad de Su Padre. *«Padre, si quieres, aparta de mí esta prueba. Sin embargo, que no se haga mi voluntad sino la tuya» (Lc 22:42).* Por la entrega total de Jesús a la Voluntad del Padre, Su amor sacrificado llegó a ser la fuente de salvación para toda la humanidad. Si vamos a vivir transformados en Jesús, estamos llamados a aceptar las contrariedades que se nos presentan en la vida, tal como lo hizo Jesús y ofrecerlas como sacrificios por la salvación de las almas.

Cuando Nuestra Señora pronuncia su bellísimo Fiat, *«Hágase en mí lo que has dicho» (Lc 1:38),* ella abrió su Inmaculado Corazón a la Voluntad del Padre, en su amado Hijo, por el poder del Espíritu Santo. Ella vivió toda su vida ese Fiat. Cuando nos abandonamos a la Voluntad del Padre, por medio del Espíritu Santo, como lo hicieron Jesús y María, en el sufrimiento de Jesús, nos adentramos en la vida interior de Cristo con toda nuestro ser.

Somos transformados, no por nosotros mismos, sino por Cristo en el poder del Espíritu Santo. Esa es la razón por la cual Jesús se entregó en la cruz y se nos da en la Eucaristía. Él quiere que nos abandonemos en Él, por medio de Su pasión, en la Vida Divina del Padre. Yo creo que estas verdades acerca de la Vida

Divina son las maravillosas luces brillantes que Jesús me mostró detrás de aquella puerta que Él me abrió en el sueño de antaño.

En su libro, *Yo Soy*, Conchita habla sobre la unión con Dios, la Sagrada Eucaristía y la Divina Voluntad.

(Jesús habla…)

«La virtud en mi unión es fácil, acércate con la pureza y humildad del discípulo amado; para quien ama lo único necesario es anonadarse y perderse en el Corazón de Dios.

»Yo soy la fortaleza de tu debilidad, y realizo verdaderos milagros de amor en quienes me reciben, comunicando fuerza y vigor para la santidad. Ven a esta comunión completa entre el Creador y la criatura, entre dos seres que se buscan, que se encuentran y ponen en común todo lo que tienen y lo que son».

«La Eucaristía te está diciendo siempre: 'Yo soy' la Bondad, la Ternura, la Caridad, la Pureza, tu Redentor, tu Salvador, el que sueñas por la noche y llamas durante el día, tu Compañero, tu Fortaleza».

«Yo quiero vivir en ti para que vivas tú en Mí, con una divina transformación. Dije a mi Padre celestial: "Yo estoy en ellos y Tú estás siempre en Mí, para que sean consumados en la unidad" (Jn 17:23), *porque con esa intimidad quiero comunicarme a ti; y estos serán los efectos del Pan de vida, el que vivas unido, compenetrado de tu Jesús, uno con el Padre y el Espíritu Santo».*

Epílogo

*«Estoy crucificado con Cristo,
y ahora no vivo yo,
sino que Cristo vive en mí».*

Gál 2:19

A la edad de diez años, cuando recibí a Jesús por primera vez en la Santa Comunión, escuché la voz del Señor revelándome su deseo que yo fuera sacerdote. Sabía que no era digno, pero el Señor me llamó, y por Su gracia, lo seguí. A pesar de los años transcurridos, que son muchos, ese recuerdo está vívido en mí. Han pasado más de cuarenta años desde mi ordenación al sacerdocio. ¿Qué he aprendido desde entonces? La ordenación fue algo bello, sentí la unción, sentí en mí la presencia del Espíritu Santo. Retrocediendo, me doy cuenta que la ordenación únicamente marcó el comienzo. Ese acontecimiento, por sí solo, no cumple el propósito al que los sacerdotes hemos sido llamados.

El día del santo de San Mateo, leí en mi breviario un sermón de San Bebe el Venerable, un sacerdote historiador y doctor de la Iglesia. Hablando de los sacerdotes, decía:

«"Jesús, al irse de ahí, vio a un hombre llamado Mateo, en su puesto de cobrador de impuestos, y le dijo: 'Sígueme'. Mateo se levantó y lo siguió".
(Mt. 9:9)

»Jesús vio al cobrador de impuestos, mirándolo con ojos de misericordia, lo escogió, y le dijo: "Sígueme". Esto quiere decir, no solamente seguirlo en su andar, sino seguirlo en su forma de vivir». (Hom. 21: CCL 122)

Al igual que San Bebe, aprendí que para ser fiel a nuestro llamado, no se puede simplemente seguir a Jesús, sino que debemos de moldear nuestra vida a la de Él. Es necesario entregarnos completamente al Espíritu Santo, para que Él pueda transformarnos en una hostia viva de la Eucaristía. Entonces viviremos, como San Pablo hermosamente lo expresó, *« y ahora no vivo yo, sino que Cristo vive en mí».* *(Gál 2:20)*

Me encanta San Pablo. Él atravesó por medio de persecuciones, odio, desacuerdos y sospechas entre sus hermanos y nunca nada de eso afectó su ministerio, que era vivir la cruz. Llevar la cruz es vivir obedientes a Cristo, ofreciéndole nuestro espíritu al Padre desde nuestro estado quebrantado, indefenso, rechazado: la cruz.

He aprendido a través de mi sacerdocio que el aspecto más importante de mi vida es vivir la Pasión de Cristo, en otras palabras, vivir la cruz. Cuando era párroco de la iglesia del Sagrado Corazón en Bradenton, me pasaba dos horas, de cinco y media a siete y media de la mañana, unido a Jesús, en Adoración del Santísimo, pidiéndole que me instruyera en Su Pasión. Me enseñó muy bien, y he perseverado, no al extremo del naufragio y martirio de San Pablo, pero sí a través de malentendidos, hasta de mis hermanos sacerdotes, y a veces de los fieles que anhelaba servir. Por medio del sufrimiento y del milagro de la Eucaristía, he aprendido a amar.

El sufrimiento me llevó a hincarme de rodillas ante el Dios misericordioso. Él, a Su vez, me dotó con la gracia de la perseverancia. Recibí el don de ofrecerme en unión a Cristo en la cruz, por la misma intención que Nuestro Señor subió a la cruz: la salvación de las almas, la conversión de los pecadores y la sanación de las almas.

Cuando el Padre Robert Cadrecha fue nombrado párroco de la iglesia Corpus Christi en Tampa, Florida, recuerdo bien, que instintivamente le aconsejé que para su ministerio sacerdotal, siempre le pidiera al Señor el don de Su Pasión.

La cruz ha sido el supremo don del Padre a Su Hijo. Es Su supremo don para nosotros también, especialmente para aquellos tan amados por su Sagrado Corazón, Sus hijos sacerdotes. Cuando nuestra entrega a Dios es hecha con plena confianza en Él y en todo lo que Él disponga, no sólo hay sufrimiento, sino también luz y gozo.

> *«Que Dios, fuente de toda esperanza, les conceda esa fe que da frutos de alegría y paz, y así se sientan cada día más esperanzados por el poder del Espíritu Santo». (Rm 15:13)*

Es necesario agradecerle al Padre la vida. El Padre nos ha dado esta vida para que podamos nutrirla de acuerdo a Su Voluntad. Cuando nuestra vida no se nutre de acuerdo a la Voluntad del Padre, nos atamos al limitado y físico plano mundano. En realidad, el cuerpo es solamente la forma, mientras que el espíritu es la substancia. Nuestro espíritu es vida y luz. Es el aliento de Dios. Si la luz no brilla, nuestra forma no tiene dirección. Sin el aliento de Dios, no tenemos vida. Tenemos que escoger entre la luz y la obscuridad, entre la vida o la muerte. Sin esta vida y luz interior, ¿cómo podemos cumplir lo que el Padre nos ha dado en Cristo? ¡Sin Dios no podemos vivir!

Nuestro Señor vino al mundo para salvar nuestra esencia. Dios hace su morada en nuestra alma, siempre y cuando ésta se encuentre en estado de gracia, y nos brinda Su Luz Divina. Cuando le entregamos a Dios el don de nuestro amor, vida, gozos y sufrimientos, Él nos ilumina el sendero para que continuemos andando en Su Voluntad. Entonces, puede que haya obscuridad a nuestro alrededor, pero nunca faltará la luz interior. Nuestra vida entera es una preparación para nuestra propia resurrección. Jesús quiere que estemos listos, que nuestras lámparas (almas) se mantengan encendidas con el aceite bendito de nuestra consagración a Él por medio del bautismo. Cuando morimos en

Cristo, glorificamos al Padre y el Padre a Su vez nos glorifica, como lo hizo con Su amado Hijo, Jesús.

Sigamos a Jesús tal y como Él desea que lo hagamos, no solamente con los pies, sino con el corazón, dándole gracias al Padre, tanto en las alegrías como en las contrariedades; gozosos y contentos de hacer Su Voluntad. Luego, en el gran día cuando nuestro Padre se regocije y nos reciba dándonos la bienvenida a casa, nuestra felicidad será completa.

Del libro *So Soy...*

(Jesús habla...)

«En la Eucaristía me he quedado para darte esta Vida (...)

»Quiero infundir en tu ser, rasgo por rasgo, mi humildad, celo, obediencia y espíritu de abnegación, mi sencillez, mi paciencia, el amor a la cruz».

«Mira y aprende el silencio y las virtudes eucarísticas, y cópiame en todo tu ser. Quiero trasladar mi Corazón vivo al tuyo, y, si te prestas, quitar tus malas inclinaciones y vicios; ya no vivirás tú, sino Yo en ti, con una vida de intimidad, con una divina transformación, habitando en ti el Espíritu Santo. Ama con todas tus fuerzas a ese Santo Espíritu que gobierna por el amor».

Parte de un sermón de San Agustín:

«Por tanto hermanos míos, cantemos ahora, no para deleite de nuestro reposo, sino para alivio de nuestro trabajo tal como suelen cantar los caminantes: Consuélate en el trabajo cantando pero no te entregues a la pereza; Canta y camina a la vez. "¿Qué significa caminar? Adelante, pero en el bien. Porque hay algunos, como dice el apóstol, que adelantan de mal en peor. Tú, si adelantas, caminas; pero adelanta en el bien en la fe verdadera, en las buenas costumbres; y canta y camina»

(Sermo 256, 3: PL 38, 1191-1193)

Testimonios

«El Señor guarda a todos los que lo aman...
Tú solo abres tu mano
y a todos los vivientes les das de sobra de lo que desean».
Sal 145:20, 16

Testimonio
Ana Miranda

Un médico urólogo me trataba por varios años, pues yo había pasado una piedra del riñón en el año 2003. La Tomografía Axial Computarizada (TAC) mostraba que en el riñón izquierdo quedaba una piedra aún más grande. Esta era demasiado grande para poder pasarla y el doctor sugirió hacerme otra cistoscopia, un procedimiento sumamente incómodo, el cual yo quería evitar. A la siguiente visita médica, sucedió que después de hacerle al médico cierta pregunta, el se molestó y su reacción fue devolverme las láminas y decirme que buscara la respuesta por otros lados.

Como resultado, esperé 18 meses antes de hacer una consulta con otro doctor, para asesorar la situación. Tras revisar las láminas anteriores, el segundo urólogo me mandó a hacer otra TAC para determinar si la piedra se había movido de lugar. Cuando le llevé las láminas nuevas al doctor y este las revisó, me informó que no había ninguna piedra. «¿Cómo puede ser?», le pregunté. Hacía años que estaba bajo tratamiento por esa condición. Su respuesta fue: «Esto no sucede. Una piedra no desaparece. Solamente por un milagro...». El comparó el TAC nuevo con el anterior y me enseñó donde estaba la piedra del riñón izquierdo. Yo misma me aseguré que eran mis láminas y no unas equivocadas. Entonces caí en la cuenta.

Al escuchar al doctor mencionar la palabra «milagro», me acordé que había ido a ver al Padre Julio dos días antes de hacerme el nuevo TAC. «Sí», le dije al doctor, «sé que un hombre santo oró por mí y puede que esto, sí sea un milagro». En diciembre de 2009, el urólogo confirmó por medio de subsecuentes TAC, que la piedra del riñón no se ha visto más. Yo creo que esta ha sido una sanación milagrosa como respuesta a las oraciones del Padre Julio.

¡Bendito sea el Señor!

Dos reportes de TAC, fechados el 7 de noviembre de 2006 y el 16 abril de 2008, indican que el primero presenta un cálculo en el riñón izquierdo, y el segundo la ausencia de dicho cálculo.

Testimonio
William F. Uber, Jr.

Padre Julio, el 16 de marzo de 2007, en la iglesia de San José, en Tampa, en su Misa de sanación, Ud. me preguntó qué sanación yo le pedía al Señor.

Yo le dije en voz baja, que quería liberarme de esa increíble pena y tristeza que inundaba mi corazón y mi alma desde el 5 de abril de 2002, día en que nuestro hijo Bill F. X. de 22 años de edad, murió repentinamente en Austin, Texas; una muerte debida a negligencia médica. A consecuencia, un pleito legal acarreó una horrible carga sobre nosotros y finalmente, después de dos años se llegó a un acuerdo.

Ud. me ungió, me impuso las manos y oró por mí, invocando al Espíritu, el cual lo sacudió a Ud. y a mí, sanándome y liberándome de mi terrible tristeza y dolor.

Aunque tarde, quiero darle las gracias por ser el instrumento de sanación del Señor. La próxima vez, le voy a pedir sanación por la ira que se aloja en mi corazón, a pesar de haber perdonado a todos los culpables –médico, enfermeras y hospital— por la muerte de Bill.

Yo los he perdonado en oración y por escrito, y aún más importante, he perdonado al Señor mediante directa conversación con Él. El Señor me contestó que veré a Bill otra vez, al igual que lo veré a Él; y que su Cuerpo y Su Sangre constituyen Su promesa y que mientras tanto, debo de mantener mis ojos puestos en Él.

La paz del Señor. Afectuosamente,

TESTIMONIO
ARLENE, POR MEDIO DE UNA AMIGA

Querido Padre Julio,

Mi amiga Arlene deseaba ser madre por muchos años. Usó todos los métodos de embarazo posibles. Tenía problemas en los ovarios y otras cosas más. Estaba muy desalentada y se sentía tremendamente triste.

Le dije que cuando todos los métodos humanos fallaban, íbamos al Médico Divino. Le conté, como siempre me refiero a Ud., «conozco exactamente al sacerdote que, por sus oraciones, guarda las llaves del cielo». Y añadí, que con gusto la llevaría a verlo a Ud., si ella aceptaba ir y tenía fe.

En aquel entonces, Ud. estaba en la parroquia de San Juan Vianney, San Petersburgo, y conseguí una cita. La acompañé y Ud. oró por ella y le dijo que tuviera fe. Le pidió que regresara dos veces más a verlo. Así lo hicimos.

Cuando fui con ella la tercera vez, por el camino la noté muy nerviosa y traté de levantarle el ánimo diciéndole que se calmara hasta que Ud. la viera.

Cuando tocamos el timbre de la rectoría, nos sorprendió que fue Ud. mismo el que abrió la puerta, e inmediatamente al verla, exclamó: «¡Has venido a traerme la buena noticia!».

Las dos nos miramos y simultáneamente nos reímos. Ella le dijo a Ud. que solo había ido a que le orara. Ud. sonrió y dijo: «Cuando llegue a su casa, compruébelo». Después agregó: «Jesús la bendecirá abundantemente».

Nos fuimos y como es de suponer, le dije que comprara en la farmacia lo necesario para hacer la prueba de embarazo, porque si el Padre Julio lo había dicho, era verdad. ¡Y ciertamente, estaba embarazada!

A su tiempo, el médico le hizo un ultrasonido, y para la sorpresa de todos, ¡eran gemelos!

Dios la bendijo abundantemente, como Ud. se lo anunció.

Testimonio
Joan Mueller Pearce

"La Mano Sanadora de Dios"

Dios ha obrado de muchas maneras diferentes en mi vida, y este milagro es una de ellas.

En el año 1978, jugaba a la pelota, y en dos ocasiones una bola me dio en la parte izquierda de la cara y la mandíbula. En ambas ocasiones, la mandíbula se me dislocó y no pude ponerla en su lugar, de modo que el hueso sobresalía. Como no quería operarme, viví así por 12 años. Me producía un poco de molestia y la mandíbula funcionaba como si estuviera desarticulada. A veces se me trababa cuando comía.

En las visitas rutinarias al dentista, el Dr. Harter, el dentista que me atendía, me aconsejó cirugía. Me dijo que tenía posibilidades de padecer del Síndrome de la Articulación Temporomandibular o de artritis. Me hizo radiografías de la boca completa y me refirió a un cirujano oral. Yo pensaba que el dolor y los problemas que tenía, no merecían una operación.

Seguí con mi rutina diaria, incluyendo las reuniones del grupo de oración, las Misas de sanación y el Cenáculo de Nuestra Señora. No le hacía mucho caso al problema de la mandíbula, me había acostumbrado a él, como si formara parte de mí. ¡Lo que no sabía era que Dios me tenía algo reservado! A través de los años había aprendido a ponerlo todo en Sus Manos.

El 16 octubre de 1990, asistí a una Misa de sanación en la iglesia de Holy Cross (La Santa Cruz) en San Petersburgo, Florida. El Padre Julio Rivero, T.O.R. fue el celebrante. No pensé en la mandíbula, aunque por varios meses hacía un ruido cuando comía. Recuerdo que pensé: «Oh Señor, se me avecina el momento de la temida operación». También pensé: «En Tus manos, Señor». Y se me fue de la mente. Estando sentada en el banco, escuché a una señora que afirmó: «Creo que el Señor va a sanar la mandíbula de alguien».

Me vino a la mente este pensamiento: «Bien, Señor, y ¿por qué no yo?». Después de la Misa, el Padre Julio estaba orando por las personas, pero en ese momento no sentí el deseo de acudir a la oración.

Al próximo día, en la reunión del Cenáculo en la capilla de Nuestra Señora, mientras rezaba el rosario, comencé a sentir un dolor agudo en la mandíbula y el costado de la cara. Me di cuenta enseguida que esta vez debía de acudir a que el Padre orara por mí. Así lo hice, y le indiqué: «La mandíbula». El me miró muy extrañado, pues en tantos años nunca le había mencionado mi problema. Entonces me dijo: «Se lo pediremos a Dios». Y colocó sus manos sobre ellas.

Me pareció que en cuestión de unos segundos escuché un chasquido fuerte y sentí que una fuerza me pegó en el lado derecho de la cara. Me pareció que había sido lanzada por el aire; el poder fue tan fuerte.

El Padre Julio me comentó luego, que él había sentido una fuerza poderosa atravesar por sus manos hasta la mandíbula y al caer yo hacía adelante, él me sujetó y cuidadosamente me recostó en el piso.

Ahí mismo fue donde tuve mi «cirugía» (con alambres y todo) y recibí la sanación. Mientras yacía en el piso, sentí la mandíbula moverse de lado a lado y caer en su lugar. No me pude mover por un rato, y al levantarme la sentí adolorida y no podía abrir la boca. Por espacio de unos días, la mandíbula se me aflojaba para después apretarse de nuevo; así fue el proceso de la sanación. Al cabo de diez días, pude moverla. Los huesos ya no sobresalían y todo quedó estabilizado.

El Padre Julio me pidió que consultara con el dentista para recibir una confirmación. Así lo hice, y el Dr. Harter revisó la mandíbula y sacó radiografías. No podía creer que todo había vuelto a la normalidad. Me dijo que regresara en seis meses para ajustarme la mordida. Pasaron dos años y nunca tuvo que hacer ningún ajuste. Yo le dije, que cuando Dios hacía algo, lo hacía a la perfección.

Yo sabía que por Jesús y el poder del Espíritu Santo fui «operada» esa noche y completamente sanada.

El 26 de octubre de 1990, el Dr. Harter concluyó en un reporte por escrito, que en los Rayos-X no se observaba ninguna evidencia que pudiera sugerir fractura ni anomalía sufrida doce años antes.

TESTIMONIO
PADRE ROBERT CATRECHA

Al concluir el quinto año de sacerdocio diocesano, escribo con gran gusto esta carta de agradecimiento a mi querido amigo y padre espiritual, el Padre Julio Rivero, T.O.R. ¿Cómo uno empieza a describir, el real y a la vez misterioso proceso para llegar a ser el sacerdote que soy hoy en día? El proceso de transformación para adentrarse en el sacerdocio ministerial, es algo que no se explica fácilmente, como que se vive la experiencia de descubrir el misterioso llamado de Dios, por medio de la persona de Jesucristo de Nazaret, que lo abarca todo. Entre las muchas relaciones interpersonales con las que he sido bendecido a través de los años, mi relación con el Padre Julio, claramente resalta a modo específicamente providencial, dentro del marco de la historia de mi vocación en mi vida.

Conocí al Padre Julio gracias a mi madre. Ella tuvo la dicha de recibir su dirección y guía espiritual, a principios de la década de los noventas. En varias ocasiones tuve el placer de sus visitas, cuando era convidado para almorzar o cenar en nuestra casa de *South* Tampa (Sur de Tampa). Recuerdo bien el estado espiritual y emocional en que me encontraba, al tener el primer encuentro con el Padre Julio, en casa de mis padres.

Después de graduarme de la universidad con licenciatura en Administración de Empresas, ejercía en el mundo de los negocios, cuando comencé a darme cuenta que mi corazón estaba introduciéndose en la desolación y la oscuridad del aislamiento asociado con una existencia, que no cuadraba con lo que mi corazón creía que debía ser una vida exitosa y feliz.

Para rematar, mis sueños de una vida de casado y una familia por la cual proveer, parecían no ser para mí. Bajo el peso de la tristeza y la baja auto-estima que uno siente cuando es atacado violentamente por esos demonios que te están recordando que en los lugares de negocios y éxitos mundanos, si vas a ser feliz, en tu vida debe de existir un problema que necesita solución, y ese problema debe ser resuelto por ti mismo.

En otras palabras, tú mismo eres la causa de tu infelicidad. «¿Por qué no vives la vida? Te estás perdiendo la felicidad que anhelas; ¿qué es lo que te pasa?». Fue precisamente en ese tiempo, que por la providencia divina, mi corazón ansioso conoció al Padre Julio Rivero.

Dios, en Su infinita misericordia y amor, continúa llamándome a un lugar más liberado dentro de mi corazón, un lugar semejante a la Cruz de Cristo. Dentro del llamado de entrega sin miedo, en medio de la intensa pobreza del espíritu, recuerdo la presencia de Jesús interiormente y el sacerdocio sanador de mi amigo, el Padre Julio Rivero.

En una ocasión, por intuición de mi madre, el Padre Julio fue invitado a celebrar una Misa en casa de mi familia. Me invitaron a mí también y tranquilamente acepté la invitación. El Padre me pidió que proclamara la primera lectura y el salmo de la Misa.

A pesar de mis inseguridades, acepté la oportunidad y proclamé la Palabra de Dios ante mi familia y la íntima amiga de mi madre, la señora Celia Peynado. Después de la bendición final, el Padre Julio oró por cada uno de nosotros individualmente. Yo no estaba muy familiarizado con la oración carismática, pero de todos modos cuando el Padre llegó a mí y comenzó a orar, decidí abandonar mi voluntad y mi alma en las manos ungidas del Padre Rivero, en un acto de confianza, amor y acción de gracias por él y su presencia. Quiero decir que de verdad entregué mi espíritu en las manos del Padre Julio Rivero mientras él oraba por mí.

Casi inmediatamente después de dicha entrega, el Padre Julio tembló, como sobresaltado, y en alta voz, comenzó a darle gracias a Jesús y a alabarlo. Todos nos quedamos quietos, atentos a lo que el Padre Julio procedió a informarnos acerca de lo que nosotros habíamos recibido y lo que él había recibido, durante la experiencia carismática de la oración. Después de participarle a mi madre y a Celia que ambas habían recibido una hermosa bendición de Jesús, el Padre Rivero me miró intensamente y exclamó: «¡Y tú! Mientras oraba contigo, Jesús se apareció tan claro como nunca lo había visto y ¡a colores!».

Al escuchar esta información, yo reflexioné: «Pudiera ser verdad que Jesús estuviera tan cerca de mí, aunque fuera yo un hombre inseguro de mí mismo». Comencé a llorar; y alguien exclamó que yo había sido bautizado en el Espíritu Santo. No sé si esto sucedió o no, pero sí puedo decir que mi alma herida estaba sedienta de las palabras del Padre Julio. De alguna manera, me habían dado a beber agua viva, la bebida que por tantos años había anhelado.

Más tarde, cuando nos sentamos a la mesa para almorzar, el Padre Julio me participó que le quedaba muy claro que yo soy llamado a ser sacerdote. Y desde ese momento, acepté y abracé el llamado al sacerdocio en mi corazón. Se pueden imaginar la expresión de la cara de mi madre, con tal declaración, una de asombro y gozo.

Testimonio
Ian, por medio de su madre
Greigette Lusignan

Querido Padre Julio Rivero,

Gracias por bendecir y bautizar a mi hijo Ian Lusignan. El día que Ud. vio a Ian en el hospital, él estaba muy enfermo. Después de recibir los sacramentos, al próximo día, Ian era otro niño. Ya no sufre de ese horrible dolor; sus pulmones han mejorado y las caderas están sanando. Gloria al Padre y al Hijo y al Espíritu Santo. Me siento tan agradecida por su bondad y por la Santa Iglesia Católica.

Me regreso a casa llena de fe, gozo y felicidad. Se lo agradezco de corazón.

Nota del Padre Julio: En aquel entonces Ian tenía quince años. Había nacido impedido, sin poder hablar ni caminar. Fui con su madre a visitarlo al All Children's Hospital en San Petersburgo (hospital especializado en niños). Le pregunté a la mamá si le importaría que orara por su hijo. Ella lloraba, pues Ian estaba en estado de coma y se creía que tenía cáncer de los pulmones. El Señor lo sanó.

Testimonio
Mary Laughlin

Mi hijo sufría de una condición mental bipolar que le impedía mantener un empleo y vivir una vida más o menos normal. Esta situación era una angustia para mí y una cruz para él. Le pedí al Padre Julio que orara por mi hijo que estaba en Irlanda. Así lo hizo y en unas pocas semanas recibí una llamada telefónica comunicándome que mi hijo se sentía mejor y había encontrado un empleo de su agrado y creía que podía desempeñarlo. Alabado sea Dios.

Testimonio
Jane Hall

Cuando mi nieto Jacob nació, estaba muy enfermo. Sus padres le pidieron a un sacerdote del hospital St. Mary que lo bautizara. Después de la Misa, públicamente pedí que oraran por él. Una amiga mía que oraba por él ante el Santísimo, me dijo que mientras oraba experimentó una sensación como si se estuviera ahogando. Me preguntó específicamente qué le pasaba al niño. Por el Espíritu Santo le contesté: «¡No puede respirar!». Me quedé asombrada de lo dicho, pues hasta entonces el doctor no le había revisado la garganta. Pensaban que el problema era neurológico.

El Padre Julio me acompañó al hospital, oró por Jacob y me dijo que iba a estar bien. Poco después, los médicos descubrieron que un tejido le cubría la garganta y le estaba obstruyendo las vías respiratorias. Al mismo tiempo que el médico le sondeaba con el instrumento, desalojó el tejido. Karen, mi nuera y a su vez enfermera, me dijo que escribirían en su hoja clínica que Jacob ya estaba bien. Mi hijo y su esposa tomaron las clases de Bautismo con el Diácono Gene Powell y Jacob recibió el bautismo condicional en una ceremonia en la iglesia.

Testimonio
Diane Kardash

Conozco al Padre Julio por muchos años y he viajado en peregrinaciones con él. Yo estaba presente cuando Nuestra Señora le pidió que bendijera las rosas y las usara en las sanaciones. También estaba presente cuando cayó la escarcha. Tengo una amiga que vive en Connecticut que sufría de un cáncer avanzado de la garganta y le envié pétalos de rosas que el Padre Julio había bendecido. Le dije que los pusiera debajo de su almohada. Lo hizo y se recuperó. Esto sucedió hace doce años y sigue libre de cáncer.

TESTIMONIO
MIMI M. AUGELLO

Por varios años, todas las noches sufría de ataques de tos profunda. Cuando iba de visita a casa de mis hijos, por las noches se despertaban y entraban en mi habitación para ver si estaba bien. Me indicaron que debía de hacerme Rayos-X u otros exámenes, pero yo les contesté que ya me lo habían hecho y que probablemente la tos era causada por alergias.

Hace más de diez años fui a Tierra Santa con el Padre Julio Rivero y otros miembros de nuestra parroquia, San Juan Vianney. Mi compañera de cuarto, Sally, le tenía fobia a los gérmenes, así que lo primero que le dije era que no se alarmara si me oía toser por la noche, que ¡yo no tenía catarro!

La noche antes de nuestra parada en Caná, tuve un ataque de tos agudo.

En Caná, el Padre Julio celebró una Misa especial en honor a nuestro Diácono Gene Powell y su esposa, Evelyn, quienes celebraban su 50° aniversario de bodas.

El Padre Julio nos había dicho que después de la Misa celebraría un servicio de sanación. Nunca había participado, pero después del ataque de la noche anterior, fui la primera en línea. Cuando regresé al banco, sentí un calor suave que me envolvía.

Al cabo de unos días, le pregunté a mi amiga Sally si había notado que ya no tosía por la noche, y hasta el sol de hoy, ¡no he tosido más! Gracias, Jesús.

TESTIMONIO
ASTRID FIX

¡Hola, Padre Julio!

¡Que emoción siento nada más pensar en contarle los numerosos milagros que han sucedido con los pétalos de rosas, después de la Misa y el servicio de sanación! Todos por aquí esperamos ansiosamente su próxima visita… Muchas gracias por todo lo que hizo por nosotros. ¡Su visita produjo muchos, muchos frutos!

TESTIMONIO
PATRICIA JENKINS

Hace varios años el médico me afirmó que yo tenía un fibroma grande en el útero. Me iba a hacer un sonograma con miras de operarme después. Fui a ver al Padre Julio y oró por mí. Descansé en el Espíritu. El Padre Julio me dijo que el fibroma había desaparecido y estaba sanada. Una semana más tarde me hicieron el sonograma y efectivamente, ya no estaba ahí. ¡Alabado sea Dios!

TESTIMONIO
DRA. FLORAIDA ALFANDARI

El 11 de octubre de 1990, la Dra. Floraida Alfandari asistió a la reunión del Grupo de Oración Jesús Salvador, en Clearwater, Florida. Después de la reunión, como era su costumbre, el Padre Julio preguntó si alguien necesitaba oración. Floraida se le acercó y le explicó que los médicos en Miami le habían diagnosticado «una masa grande, de un quiste complejo y sólido en la región anexa izquierda, con la apariencia radiográfica de un extenso neoplasma consistente con un quiste y/o quiste adenocarcinomatoso». Ella había venido a Clearwater a consultar con su hermano, el Dr. Julio Haedo y al mismo tiempo ver a un colega de él, para tener una segunda opinión. Cuando el Padre Julio le preguntó qué le pedía al Señor, ella le contestó: «Que se haga su voluntad».

El Dr. John Hudgens examinó a Floraida. Los resultados del examen clínico correspondieron con el diagnóstico recibido en Miami, y se fijó la fecha de la cirugía. La noche antes de la operación, el médico, que era cristiano, fue inspirado a repetirle el sonograma antes de llevarla al salón de operaciones. Temprano en la mañana, antes de prepararla para la cirugía, se repitió el sonograma y no se vio ninguna masa. Dr. Hudgins decidió hacer una laparoscopia, para cerciorarse. El resultado fue el mismo: ninguna masa.

Han pasado 20 años desde que Floraida recibió la sanación, y hoy en día goza de buena salud. ¡Bendito sea el Señor!

Comentario del Padre Julio: El médico tuvo un sueño la noche anterior a la operación que se repitiera el sonograma antes de operarla. Cuando se hizo, no encontró la masa que antes se veía y que él había palpado.

Testimonio
Diana Wallens

Padre Julio,

Le doy gracias a Nuestro Señor por habernos dado en Ud., un regalo tan maravilloso, a través del Espíritu Santo. Le doy gracias a Él por sus oraciones, Ministerio Sacerdotal, fe, fidelidad y amor. ¡Nuestro Señor es tan bondadoso con todos!

En la Misa de Sanación y la unción de los enfermos, le pedí al Señor que por su fe y oración, Él me concediera la siguiente gracia: Mi hijo David se fracturó su pierna y no se sabía si lo tenían que operar. Ese día Ud. oró y pidió por él. Tomaron radiografías, no hubo necesidad de operarlo y le pusieron un yeso. Al cabo del mes, cuando le quitaron el yeso estaba curado y caminando normalmente.

Por mi parte, el médico me mandó unos análisis de sangre y uno de los resultados dio niveles muy altos en los huesos que indicaban artritis reumatoidea en todo mi cuerpo. Fui referida a un especialista. En la Misa de sanación Ud. oró por mí y me ungió con aceite. El especialista, después de examinarme, me mandó más análisis y el resultado fue negativo. Me dijo que me fuera contenta para mi casa que no tenía nada. Dios es maravilloso, bondadoso y misericordioso con todos.

Gracias, Padre Julio. Que el amor de Dios siga llegando a nosotros a través de sus manos, fe, oraciones, humildad y el don de sanación que Dios le ha regalado.

También quiero expresarle las gracias por nuestro grupo de oración.

TESTIMONIO
ARELIS DIAZ

En el año 1997 por primera vez oriné con sangre. Esto me sorprendió, porque yo no presentaba ningún síntoma. Al consultar con los médicos se descubrió que tenía un cáncer en el riñón. Ingresé en el hospital y el cirujano extirpó el riñón canceroso.

Pasaron cuatro meses de puro suplicio, pues la recuperación fue muy dolorosa, más yo sentía mucha paz y nada me mortificaba. Dormía en un sillón, ya que reclinarme en la cama me era imposible. Fui invitada por unas cuñadas, a conocer al Padre Julio Rivero, un sacerdote amigo de la familia. Por insistencia de ellas, las acompañé a cenar en un restaurante local. Yo iba adolorida y amparada por una almohadita, compañera inseparable, que llevaba a todos lados. Le pidieron al Padre Julio que orara por mí, y así lo hizo. El Señor bendijo grandemente esa ocasión, pues hasta el pianista del restaurante terminó confesándose. Sin darme cuenta, al salir de allí lo hice sin la almohadita; llegué a la casa, le pasé por delante al sillón donde dormía, me puse el ropón y por primera vez en tantos meses, me acosté a dormir en mi cama, sin dolor de ninguna clase.

Al día siguiente, mi esposo tenía una salida pendiente y no pudo quedarse a asistirme con el baño, como lo solía hacer. Mientras me bañaba, se me cayó la venda y pude ver que la herida, que hasta entonces no había cicatrizado, estaba completamente curada. Después, con toda naturalidad, me puse a barrer y desde entonces empecé a hacer mis labores caseras. No fue hasta el tercer día, cuando caí en la cuenta. ¡El Señor me había sanado a través del Padre Julio!

Mi sanación fue completa, de cuerpo y de espíritu. Mi amor por Jesucristo aumenta más y más y mi deseo de servir al prójimo es una misión que me llena de felicidad. Me he dado cuenta que nada se puede hacer sin su Presencia. Sea su voluntad y no la mía. He aprendido a esperar en el Señor. La respuesta viene cómo y cuando Él quiere. ¡Alabado sea el Señor!

Oración de San Francisco de Asís

Señor, hazme un instrumento de tu paz;
donde haya odio, siembre yo amor,
donde haya injuria, perdón;
donde haya duda, fe;
donde haya desaliento, esperanza;
donde haya sombras, luz;
donde haya tristeza, alegría.

Oh Divino Maestro,
concédeme que no busque
ser comprendido, sino comprender,
ser amado, sino amar.
Dando, es como recibimos;
Perdonando, es como Tú nos perdonas
y muriendo en Ti, es como nacemos a la vida eterna.
Amén

San Francisco de Asís (1181 - 1226)
Fundador de la Orden Franciscana

«Solamente en el cielo sabremos lo que es un sacerdote.
Si lo supiéramos en la tierra moriríamos,
no de dolor, sino de amor».

San Juan María Bautista Vianney
Santo Cura de Ars
Patrón universal de los sacerdotes

BIBLIOGRAFIA

Arinze, Cardinal Francis, *Reflecting on Our Priesthood*, [s.n.] [s.l.]

Baglio, Matt, *The Rite: The Making of a Modern Exorcist*, New York, NY: Doubleday, 2009

Brown, Michael H., *The Bridge to Heaven: Interviews with María Esperanza of Betania*, Medway, MA: Betania Publications, 2006

_____*Secrets of the Eucharist*, Milford, OH: Faith Publishing, 1996

Caballero, Basilio, *Cada Día*, San Pablo: La Palabra, 1990

Cabrera de Armida, Concepción, *A mis Sacerdotes*, México, D.F.: Editorial La Cruz, S.A. de C.V., 2008

_____*Yo Soy: Meditaciones Eucarísticas en el Evangelio*, México, D.F.: Editorial La Cruz, S.A. de C.V., 2000

_____*To My Priests*, Cleveland, OH: Archangel Crusade of Love, 1996

Catecismo de la Iglesia Católica, Conferencia Episcopal de Colombia: Librería Editrice Vaticana, 1993

Gutiérrez González, M.Sp.S., Rev. Juan, *Atracción irresistible por la Eucaristía*, 4° edición, México, D.F.: Ediciones Paulinas, S.A. de C.V., 2004

Manelli, F.I., Fr. Stefano M., *Jesus Our Eucharistic Love*, New Bedford, MA: Academy of the Immaculate, 1996

Martin, D. Pablo, *Father, Teach Us to Pray: Selected Passages of Prayer*

Martínez, D.D., Luis M., *Jesús*, México, D.F.: Editorial La Cruz, S.A. de C.V., 2001

Montfort, Luis M., 2005, *Consagración Solemne a Jesús por María*, Legión de María

Piccarreta, Luisa, *El Reino del «Fiat» en medio de las criaturas:Libro de Cielo Vol. 15*, Quito, Ecuador: Librería Espiritual, 1992

_____*Las Horas de la Pasión de Nuestro Señor Jesucristo*, St. Cloud, FL: Apostolic Society Sons of the Divine Will, 1992

_____*The Hours of the Passion of Our Lord Jesus Christ*, Second Edition, Caryville, TN: Luisa Piccarreta Center for the Divine Will, 2006

Sánchez M., M.Sp.S., Salvador, *Cruz de Cristo, Cruz del cristiano*, México, D.F.: Editorial La Cruz, S.A. de C.V., 1994

Third Order Regular of Saint Francis of Penance, Province of the Most Sacred Heart of Jesus, Province Newsletter, Volume 2, #6, Nov-Dec 2008

Vianney, Juan M., 2009, *Pensamientos sobre el sacerdocio*, Fraternidad de Cristo Sacerdote y Santa María Reina

ABREVIATURAS BÍBLICAS

ANTIGUO TESTAMENTO

Génesis.	Gen	1 Macabeos . .	1 Mac	Malaquías . . .	Mal
Éxodo	Ex	2 Macabeos . .	2 Mac	Daniel	Dn
Levítico	Lev	Isaías.	Is	Job	Job
Números	Núm	Jeremías. . . .	Jer	Proverbios . . .	Pro
Deuteronomio .	Dt	Ezequiel	Ez	Eclesiastés . . .	Ec
Josué	Jos	Oseas.	Os	Cantar	Cant
Jueces	Jue	Joel.	Jl	Rut	Rt
1 Samuel. . . .	1 Sam	Amós.	Am	Lamentaciones .	Lam
2 Samuel. . . .	2 Sam	Abdías	Abd	Ester	Est
1 Reyes.	1 Re	Jonás	Jon	Tobías	Tob
2 Reyes.	2 Re	Miqueas	Mi	Judit	Jdt
1 Crónicas . . .	1 Cro	Nahúm	Na	Baruc.	Ba
2 Crónicas . . .	2 Cro	Habacuq	Hab	Sabiduría. . . .	Sab
Esdras	Es	Sofonías	Sof	Sirácides	Si
Nehemías. . . .	Ne	Ageo	Ag	Salmos	Sal
		Zacarías	Za		

NUEVO TESTAMENTO

Evangelio según Mateo . . .	Mt	2 Carta a los Tesalonicenses .	2 Tes
Evangelio según Marcos. . .	Mc	1 Carta a Timoteo	1 Tim
Evangelio según Lucas . . .	Lc	2 Carta a Timoteo	2 Tim
Evangelio según Juan	Jn	Carta a Tito.	Ti
Hechos de los apóstoles . . .	He	Carta a los Hebreos	Heb
Carta a los Romanos.	Rom	Carta de Santiago	Stgo
1 Carta a los Corintios	1 Co	1 Carta de Pedro	1 P
2 Carta a los Corintios	2 Co	2 Carta de Pedro	2 P
Carta a los Gálatas	Gál	Carta de Judas	Jud
Carta a los Efesios	Ef	1 Carta de Juan.	1 Jn
Carta a los Filipenses	Fil	2 Carta de Juan.	2 Jn
Carta a los Colosenses	Col	3 Carta de Juan.	3 Jn
Carta a Filemón	Filem	Apocalipsis.	Ap
1 Carta a los Tesalonicenses .	1 Tes		

77730276R00113

Made in the USA
Middletown, DE
25 June 2018